工商企业管理专业综合实训

编　　著　陈　搏
合作企业　广东嘉荣超市有限公司
合 作 者　程俊优（大客户总监）
　　　　　田永态（人力资源总监）

中国轻工业出版社

图书在版编目（CIP）数据

工商企业管理专业综合实训/陈搏编著．—北京：中国轻工业出版社，2023.1

ISBN 978－7－5184－0721－7

Ⅰ.①工…　Ⅱ.①陈…　Ⅲ.①工商企业—企业管理—教材　Ⅳ.①F276.4

中国版本图书馆CIP数据核字（2015）第304272号

责任编辑：张文佳　　责任终审：劳国强　　封面设计：锋尚设计
责任校对：吴大朋　　责任监印：张　可

出版发行：中国轻工业出版社（北京东长安街6号，邮编：100740）
印　　刷：三河市万龙印装有限公司
经　　销：各地新华书店
版　　次：2023年1月第1版第3次印刷
开　　本：787×1092　1/16　印张：10.75
字　　数：240千字
书　　号：ISBN 978－7－5184－0721－7　定价：30.00元
邮购电话：010－65241695
发行电话：010－85119835　传真：85113293
网　　址：http://www.chlip.com.cn
Email：club@chlip.com.cn
如发现图书残缺请与我社邮购联系调换
221815J2C103ZBW

序 言

综合实训是指在完成主要专业课程的理论学习和各主要技能专项实训后，学生在接近真实的工作情境下，针对专业对应的职业岗位的典型的、综合的、完整的工作任务，综合运用本专业的主要知识和技能在校内进行的综合性、系统性的训练。综合实训是培养学生专业通用能力和专业方向能力的重要途径，对实现教学和岗位工作零距离对接，最大限度地增强学生对就业岗位的适应性，具有重要的现实意义。

工商企业管理专业是培养学生与企业管理相关的人力资源管理、营销管理、生产运作管理和财务管理等技能的专业，其本身就是一个综合性的专业，因此，该专业的综合实训不像其他专业可以选择一个具体的企业岗位来进行实训，例如会计专业可以在企业的会计岗位上直接进行综合实训。

东莞职业技术学院利用校内教学企业——大学生超市对工商企业管理专业学生开展综合实训，并取得了良好的实训效果。2013 年 12 月，教育部鲁昕副部长在东莞职业技术学院进行考察时，对这种以真实企业的实际业务为工作任务的综合实训方式给予了充分肯定。为了提炼经验，分享教学改革成果，我们申请了广东省教育厅的省级教改项目并获得了立项《教学企业视域下工学结合综合实训教学改革研究》（编号：20130201002），在此教改项目的支持下开始编写实训教材。

根据校内外专家的建议，结合编写教师在企业的多年工作经验，教材选择了六个项目的内容，再结合校内教学企业的实际情况进行综合实训。项目一进入商务工作状态前的准备，主要训练学生参加商务工作中必备的基本礼仪；项目二调查和评价大学生超市，主要训练学生对服务型企业的服务环境和顾客需求满足情况的评价和改进能力；项目三人员招聘、签约与工资核算，主要训练学生开展人力资源管理工作的三项基本技能，并为学生进入企业后维护自身利益做好知识铺垫；项目四超市营业体验，主要训练学生在超市中承担理货、收银、防损、促销和店长等岗位的基本技能；项目五财务会计岗位基本操作，主要训练学生制作和审核原始凭证和记账凭证的基本技能；项目六办公设备使用，主要训练学生使用基本办公设备的能力。通过这六个方面技能的训练，希望学生工作后能够很快适应企业环境，承担相应的管理工作。

教材由陈搏编著，负责整体框架的确定和最后的统稿。黄嘉敏参与了项目一的编写，张文利和郑剑桥参与了项目二和项目四的编写，宋成燕参与了项目三的编写，肖翠云参与了项目五的编写。罗定职业技术学院经济管理系张权、罗启良和茂名职业技术学院经济管理系柯春媛参与了教材框架的审定和项目二、四的编写工作。在编写过程中，东莞职业技术学院管理科学系主任范明明提出了很好的建议和给予了大力支持。

在教材的编写过程中，参考了很多专家的专著和教材，在此向他们表示感谢！教材的出版得到了中国轻工业出版社的大力支持，在此也向他们表示衷心的感谢！

编　者

2016年3月

目　录

目 录

项目一　进入商务工作状态前的准备

【知识目标】

强化仪容仪表方面的相关知识、日常交往礼仪知识和商务过程中接打电话的基本礼仪知识。

【能力目标】

能够根据仪容仪表的礼仪为自己整理好符合商务礼仪要求的外表、外貌和着装；能够根据日常交往礼仪要求做好商务中的自我介绍、介绍他人、握手、会议安排等工作；能够根据接打电话的礼仪要求做好商务活动中的电话沟通工作。

任务一　仪容仪表

仪容仪表指人的外表、外貌，是商务礼仪的重要内容，在商务交往中，良好的仪容既能体现商务人员自身的素养，又能体现对商务活动和交往对象的尊重与重视，会产生积极的宣传效果，但如果稍微疏忽也可能产生不良影响。因此，商务人员要十分注意自己的仪容仪表。

【案例引导】

1. 安达公司是一家大型的、产品具有高科技含量的电子产品公司，创建于1998年，现有员工500多名。公司新进来了一个销售员小李，她在工作方面没有什么问题，人也非常勤快，可是就是穿着和举止给人以不太得体的感觉。平时，小李的穿着非常休闲：一件胸前印有英文单词的T恤衫，蓝色的牛仔裤，白色的旅游鞋。工作时，喜欢风风火火一阵风似的，稍不注意就将茶杯碰倒，工作台上的文件撒了一地。有时从外面办事回到公司，满头大汗，她只是用手擦擦汗，就像个假小子一样开始给客户打电话。经理老张说她的着装打扮不像一个公司职员，而是学生模样，建议她改换着装。小李诚恳地接受了批评。于是过了几天，小李以一副新面孔展现在公司的同事前面：脸上的粉擦得很厚，香水味也特别浓，打扮得花枝招展的，耳环闪闪发光，高跟鞋嗒嗒作响，同事见到她都吓了一跳。同事开玩笑说："小李，最近是不是去参加选美啊?"弄得经理老张眉头皱了又皱。老张告诉小李，销售人员的仪容应该体现基本的职业特点，大学生气和太浓妆艳抹都是不符合销售人员仪容要求的。

2. 陈雅，某高校工商企业管理专业毕业，毕业后就职于一家公司做文员。为适应工作需要，上班时，她毅然放弃了学生时期的"清纯少女妆"，化起了整洁、漂亮、端庄的"白领丽人妆"。使用不脱色粉底液、棕色眉笔修饰稍带棱角的眉毛，选择与服装色系搭配的浅色眼影，在紧贴上睫毛根部描画灰棕色眼线，使用黑色自然型睫毛膏，选择贴近唇色的唇膏，使她整个妆容清爽、自然，尽显自信、成熟、干练的气质。

心情好，自然工作效率就高。一年来，陈雅以自己得体的外在形象，勤奋的工作态度和骄人的业绩，赢得了公司领导和同仁的好评。

【实训任务】

同学之间互相指出仪容仪表方面欠妥之处。男女同学分开，四位同学组成一个小组，小组中的每位同学为其他三位同学指出仪容仪表方面存在的需要完善之处，针对每位同学至少要指出三处以上需要完善的地方，用实训记录本记录下来。

【实训步骤】

1. 分组，分成四人一组（男女分开）
2. 回顾仪容仪表相关知识
3. 观察小组中同学的仪容仪表，将需要完善之处记录下来
4. 提出改善建议并说明原因
5. 完成并上交技能训练报告

实训报告格式

实训报告表

实训报告		
学号	姓名	时间
实训内容：		分数
实训目的：		
实训步骤：		
实训总结：		
实训建议：		

【相关知识】

（一）仪容仪表的基础：干净整洁

1. 注意正确的洁容手法

为了使自己的气质动人，每天必须坚持做一套日常护肤程序，即日常护肤六步曲，早三步：洁肤－爽肤－护肤；晚三步：洁肤－爽肤－润肤。

2. 要注意及时修剪和保养

对于头发来说要勤洗勤剪，一般来说，两天洗一次头，一个月理一次发为宜；

对于脸部来说，要注意经常的清洁和日常保养；

对于手部来说，要注意经常修剪指甲，不要让指甲上留有污垢，不要留过长指甲，特别是女性不要在工作场合涂抹彩色指甲油。

（二）仪容的重点：化妆美化仪容

1. 适度化妆是商务活动的需要

在商务活动中，商务人员应该适度化妆。这不仅是让自己看起来精神焕发，增强自信，同时也是对他人的尊重。

2. 脸部化妆

商务人员的妆容要力求保持自然、明亮、长久。

3. 手部化妆

手部整洁最能显露人的身体高雅尺度。

手部化妆要注意：女士如果留长指甲，最好不要超过指甲正常长度的1/3。

4. 头发的化妆

“完善形象——从头开始”，整洁仪容最基本的形象是拥有整洁干净的头发。要根据自己的形体、气质、身份选择适当的发型，充分表现自己的良好仪容。

头发要经常清洗和修剪，留长发的女士应将枯黄、开叉的发梢剪掉，保持头发的美观。

发型的要求：发型要趋于保守一点，不追求过于新潮的发型；可以烫发也可以是直发，如果留直发，应该将头发扎成马尾或盘起，以免在给客户倒茶时，头发掉在茶杯中。头发的颜色要深一些，可以染成栗色，但不能染成过于鲜艳的颜色。

（三）正确使用香水

1. 香水的基本知识

香水可以因酒精和香料的浓度不同而分成四种不同类型。浓香型香水，适合人们在出席宴会、舞会时使用；清香型香水，适合于一般性的交际应酬；淡香型香水，适合上班时使用；微香型香水，适合在浴后或进行健身运动时使用。这几种类型的香水，通常不得乱用。

2. 香水使用的基本方法

正确使用香水的位置有两个：

一是在脉搏离皮肤比较近的地方，如手腕、耳根、颈侧、膝部等；

二是在既不会污损面料，又容易扩散香味的服装上的某些部位，如衣领、口袋、裙摆的内侧，以及西装上所用的插袋巾的下端。

（四）商务活动中的仪容原则：相对保守

1. 仪容仪表不能转移商务活动参加者的注意力

在商务活动中，不论是男性还是女性，都要注意保持仪容的相对保守，化妆应当以淡妆为主，做到不转移商务活动参加者的注意力。

2. 男士的仪容

商务男士的仪容要做到干净、整洁。在商务活动中必须始终保持精神焕发，神采奕奕。商务男士如果在商务交往中表现出无精打采、蓬头垢面，不仅影响自身的形象，而且对维护公司形象起到负面的作用。

3. 女士的仪容

商务女士在商务活动中更要注意自身仪容，工作妆要求以淡为主，不过分突出女性的性别特征，不要过分引人注目，如果一位商务女性在工作场合，妆化得过于浓艳，往往会使人觉得她过分招摇和粗俗。

（五）商务着装的原则

1. 统一原则

商务活动中着装要统一，颜色要遵循三色原则，面料最好是同种材料。

2. 层次原则

商务活动中，服装的穿着上，最好层次分明，特别是女性，不能出现“三截腿”。

3. 适度原则

商务人员在不同的时间、场合与地点要穿着不同衣服，在上班时间，穿着西服和正装；在参加各种宴会、庆典仪式的时候穿着礼服，绝对不能不合时宜，以免闹笑话。

4. 扬长避短原则

商务人员着装时，要考虑自身的身材特点和自身的肤色。身材过胖的人，应避免选择颜色过于鲜艳、大花、大格子的衣服，而应穿着垂直线条样式、颜色素雅、合体的服装。身材高瘦的人，应避免穿垂直线条、过于透明的衣服。肤色黝黑的人最好选择素雅、较明亮的颜色，可以获得健美的效果。

（六）男士西服着装

1. 西服配件及其着装要领

（1）衬衫。与西服为伍的衬衫，应当是正装衬衫，一般而言应具备下述方面的特征：

面料以纯棉、纯毛织品为主；色彩必须为单一色彩，在正规的商务应酬中，白色衬衫可谓是商务男士的唯一选择；正装衬衫大体上以无任何图案为佳；衣领多为方领、短领和长领；应该为无胸袋的长袖衬衫。

穿着正装衬衫应注意：衣扣要系上，所有的扣子都要扣上，只有在穿西装不打领带的时候，才可以解开衬衫领扣；袖长要适度，最好是衬衫的袖口恰好露出西服袖口一厘米左右；大小要合身，特别要注意衣领与胸围要松紧适度，其下摆不宜过短。

（2）领带。打领带的场合。在上班、办公、开会或走访等执行公务的场合，以打领带为好，在参加宴会、舞会、音乐会的时候，为表示对主人的尊重，亦可以打领带。

领带的面料最好是真丝或者羊毛质地；领带的颜色最好是单色无图案的，或者是条纹、圆点、方格等规则的几何形状的图案。要注意将领带结打得挺括、端正，并且在外观上呈现三角形。领带打好以后，必须长短适度，标准的长度是领带打好之后，其下端的大箭头正好抵达皮带扣的上端。

（3）皮带。作为商务人士，皮带发挥的装饰作用尤其突出。皮带的颜色应选单色、深色为主，颜色应与皮鞋、皮包的颜色保持一致。在正式场合所使用的皮带应当没有任何图案。正式场合所使用的皮带，应为3 厘米宽，过宽或过窄的皮带都不允许。皮带的长度应为系好之后长过皮带环扣10 厘米左右。环扣一般应为金属制品，并多为单一的金色、银色或黑色。除了商标之外，不宜出现任何文字和图案。

皮带穿戴时应注意：一般而言，系皮带时，皮带头大都应当自右而左；在正式场合，皮带上不宜挂放诸如手机、钥匙、打火机等任何物品。

（4）皮鞋。皮鞋的质地：与西装搭配的鞋子，为真牛皮系带皮鞋。仿皮鞋、羊皮鞋、猪皮鞋、磨砂皮鞋、翻毛皮鞋都不合适。

皮鞋的颜色：应为深色、单色，最适合的只有黑色皮鞋。

鞋内无味、鞋面无尘、鞋底无泥、尺码恰当。

2. 西服着装注意事项

要拆除衣袖上的商标；要将西服熨烫平整；穿西服一定要将纽扣扣好。

穿西服不宜将袖子或裤腿卷起；最好不要在西服里面套羊毛衫；不要在腰间挂任何饰品，如手机、打火机、瑞士军刀之类；尽量少在西服口袋中装东西。

三色原则：西装一身不超过三种颜色。

三一定律：腰带、皮鞋和手提包颜色一致。

三大禁忌：夹克扎领带、商标没剪开、袜子随意穿。

（七）女士着装知识

女性的服装比男性更具个性的特色，合体、合意的服饰将增添女士的自信；商界女士在正式场合的着装以裙装为佳，在所有适合商界女士在正式场合所穿的裙式服装之中，套裙是名列首位的选择；著名设计师韦斯特任德说：“职业套装更能显露女性的高雅气质和独特魅力。”

1. 套裙的选择

商界女性日常穿着的西服裙装大致可以分为两种：一种是一件西装上衣与任意一条裙子自由搭配；另一种是上衣和裙子同色同料，成套设计制作的。严格来说，西服套裙指的是后一种。套裙面料应该平整、润滑、光洁、柔软、挺括，不起皱、不起球、不起毛；色彩以冷色调（藏青、炭黑、暗红色等）为主，体现出典雅、端庄、稳重；无图案或格子、圆点、条纹；不宜过多的点缀。

套裙的穿法：长短适宜、穿着到位、协调妆饰、兼顾举止。

2. 衬衫的选择

面料要求轻薄而柔软，可选择真丝、麻纱、纯棉。色彩要求雅致而端庄，且不失女性的妩媚，只要不是过于鲜艳的颜色，不和套裙的色彩排斥，各种色彩的衬衫均可；衬衫色彩与套裙的色彩协调，内深外浅或外浅内深，形成深浅对比，最好无图案。穿衬衫的注意事项：衬衫下摆掖入裙腰里，纽扣一一系好，不可在外人面前脱下上衣，直接以衬衫面对对方。

3. 鞋袜

鞋袜是女性的“脚部时装”和“腿部时装”；鞋以高跟、半高跟黑色牛皮鞋为宜，也可选择与套裙色彩一致的皮鞋；穿裙子应当配长筒袜或连裤袜（忌光脚），颜色以肉色、黑色最为常用，尤其要注意的是，袜口不能露在裙摆或裤脚外边（忌“三截腿”）。鞋袜要大小相宜、完好无损，鞋袜不可当众脱下，袜子不可随意乱穿。

4. 女士饰物佩戴礼仪

提包：女士用的提包不一定是皮包，但必须质地好、款式庄重，并与服装相配。

丝巾：正式场合使用的丝巾要庄重、大方，颜色要兼顾个人爱好、整体风格和流行时尚，最好无图案，亦可选择典雅、庄重的图案。

女性首饰：泛指耳环、项链、戒指、手镯、手链、胸针等。佩戴时以少为佳（总量不要超过三个）、同质同色、风格统一。注意有碍于工作的首饰不戴、炫耀财力的首饰不戴、突出个人性别特征的首饰不戴（如胸针、脚链等）。

5. 女士西服裤装着装

（1）西裤长度：西裤的长度以裤长接近脚背为宜。

（2）西裤面料：西裤的面料，最好是纯天然质地的上乘面料，如纯毛、纯麻等。

任务二　日常交往礼仪

商务活动中，要注意日常的交际礼仪以及会议座次排列的相关知识。日常的交际礼仪包括：称呼、致意、握手、介绍以及递送名片和手机短信的礼仪，还有会议或宴会的位次排列次序。

【案例引导】

1. 张华是一家广告公司的销售人员，她交际能力较强，很受经理器重。一次她负责接待一个客户，准备商谈一项大的合作事项，但几天后对方却答复说已经与另一家广告公司合作了。张华觉得很奇怪，在公司商谈时对方没有什么异议啊。后来从侧面了解到，对方公司说你们不屑于跟我们合作。当天接待时，你们公司的张华时而用手摆弄手上的饰品，时而又当着客户的面补妆，一会儿手机响了，还满不在乎地接电话，根本不在乎客户的存在。于是客户就换了家广告公司。

2. 某分公司要举办一次重要会议，请来了总公司经理和董事会的部分董事参加，并邀请当地政府要员和同行业的知名人士出席。由于出席的重要人物多，领导决定使用U字形的桌子来布置会议桌。分公司领导坐在位于U字横头的下首，其他参加会议者坐在U字的两侧。在会议开会当天，贵宾们都进入了会场，按照定好的座签就座，当会议正式开始的时候，坐在横头桌子上的分公司领导宣布会议开始，这时发现会议气氛有点不对劲，有些贵宾相互低语后借口有事站起来准备要走，分公司的领导人不知道发生了什么事或出了什么差错，非常尴尬。

3. 有一次B公司经理要来，A公司就派一名女职员去接她，当一起乘汽车回来时。女职员竟无所顾忌地与经理肩并肩坐在司机后面的位置上，大家分不清接的是谁。这位女职员闹了个混淆上下级关系的大笑话，其实职员坐在司机旁边的位置上，才是对职位高的人的礼貌。

【实训任务】

参加实训的同学分成小组，小组人数为5人或7人的单数，小组数量为偶数，两个小组结成一个业务洽谈对子，分别代表不同的公司。练习双方人员介绍、握手、名片递送、坐车座位安排和会议座次排列等礼仪。

【实训步骤】

1. 分组，分成5人或7人一组（男女不必分开），但小组数量为偶数
2. 回顾商务交际礼仪相关知识
3. 每个小组给自己的公司命名并给每位成员分配相应职位
4. 按照礼仪顺序练习“介绍、握手、名片递送、坐车座位安排和会议座次排列”等礼仪
5. 完成并上交技能训练报告

实训报告格式

实训报告表

实训报告		
学号	姓名	时间
实训内容：	分数	
实训目的：		
实训步骤：		
实训总结：		
实训建议：		

【相关知识】

（一）自我介绍

在不妨碍他人工作和交际的情况下进行。

介绍的内容：公司名称、职位、姓名。

给对方一个自我介绍的机会。

您好！我是康佳集团上海分公司的业务代表，我叫陈启明。

请问，我应该怎样称呼您呢？

（二）介绍他人

顺序：遵循长者优先和女士优先。即：把职位低者、晚辈、男士、未婚者分别介绍给职位高者、长辈、女士和已婚者。在商务工作场合，一般以职位高者优先。国际惯例敬语（姓名和职位）如：王小姐，请允许我向您介绍许志忠总监。

介绍时不可单指指人，而应掌心朝上，拇指微微张开，指尖向上。

被介绍者应面向对方。介绍完毕后与对方握手问候，如：您好！很高兴认识您！

避免对某个人特别是女性的过分赞扬。

坐着时，除职位高者、长辈和女士外，应起立。但在会议、宴会进行中不必起立，被介绍人只要微笑点头示意即可。

（三）称呼

称呼指的是人们在日常交往应酬之中，所采用的彼此之间的称谓语。在人际交往中，选择正确、适当的称呼，反映着自身的教养、对对方尊敬的程度，甚至还体现着双方关系发展所达到的程度和社会风尚，因此对它不能随便乱用。

选择称呼要合乎常规，要照顾被称呼者的个人习惯，入乡随俗。在工作岗位上，人们彼此之间的称呼是有其特殊性的，要庄重、正式、规范。

1. 职务称呼

以交往对象的职务相称，以示身份有别、敬意有加，这是一种最常见的称呼。有三种情况：称职务（经理、处长）、在职务前加上姓氏（周经理）、在职务前加上姓名（适用于极其正式的场合）。

2. 职衔称呼

对于拥有社会上备受尊重的学位、学术性职称、专业技术职称、军衔和爵位者，可以称其为“博士”“教授”“将军”。称呼职称时可以只称职称（教授）或在职称前加上姓氏（王教授）也可在职称前加上姓名（适用于十分正式的场合）。

3. 行业称呼

在工作中，有时可按行业进行称呼。对于从事某些特定行业的人，可直接称呼对方的职业，如老师、医生、会计、律师等，也可以在职业前加上姓氏、姓名。

4. 性别称呼

称男性为先生，称未婚女性为小姐，称已婚女性为女士、夫人和太太，对不知婚否或难以判断的，可以称之为“女士”。

5. 姓名称呼

在工作岗位上称呼姓名，一般限于同事、熟人之间。有三种情况：存在可以直呼其名的关系；只呼其姓，要在姓前加上“老、大、小”等前缀；只称其名，不呼其姓，通常限于同性之间，尤其是上司称呼下级、长辈称呼晚辈，在亲友、同学、邻里之间，也可使用这种称呼。

中国特色：同志、大爷、大叔、大妈、大娘、大哥、大姐（内地与北方）。

除以上常用的称呼外，在交往中还有以“你”“您”相称的“代词称”和亲属之间的“亲属称”。

6. 称呼的禁忌

商务交往中如称呼不当就会失敬于人，失礼于人，有时还会导致严重后果，所以一定要注意称呼禁忌。

（1）错误的称呼。称呼对方时，记不起对方的姓名或张冠李戴，叫错对方的姓名，都是极不礼貌的行为，是社交中的大忌。

（2）易产生误会的称呼。不论是自称还是称呼他人，要注意不要使用让对方产生误会的称呼。

（3）带有歧视、侮辱性的称呼。在正式场合，不要使用低级、庸俗的称呼或用绰号作称呼。不论在何种情况下，绝不能使用歧视性和侮辱性的称呼。

（四）致意

点头：适合于肃静场合（图书馆、音乐厅、电影院）和特定场合（酒会、舞会）。经常见面的人相遇时，可点头相互致意，而不必用有声语言来问候。在社交场合遇见仅有一面之交者，也可相互点头致意。

点头的方式：面带微笑，头部微微向下一点即可。微笑时，自然、真诚、不露牙，不出声。切忌做作和皮笑肉不笑。

（五）握手

1. 握手的姿态

握手时，身姿要站直，上身稍前倾，右手四指并齐，拇指张开，与对方满手相握，稍摇动二三下，并配以微笑和问候语。

2. 握手的顺序

握手时，一般应由主人、长者、身份地位高者或女性先伸手，而客人、年轻人、身份地位低者或男性应先向对方问候，待对方伸出手后再向对方伸手相握。多人握手时，注意不能交叉，一定要依顺序待别人握完再伸手。

3. 握手的力度和时间

握手的力度要适中。一般客人握一握，轻摇几下，持续约三秒左右为准，对尊长者，则应该握得稍紧些，表达你的敬意；而对女士，男性应轻握对方手指部分，不要满手相握，也不要时间太长。有时涉外场合需要照相，握着的手不要很快松开。

4. 握手的禁忌

握手时，应摘除帽子和手套，眼睛注视对方。握手后，不可当着对方的面擦手。

此外还应注意：

（1）忌用左手与他人握手。

（2）忌交叉握手。握手应当按照顺序依次而行，尤其注意不要两人握手时与另外两人相握的手形成交叉状。

（3）忌戴手套握手。但在社交场合，女士戴与礼服相配套的薄纱手套与人握手是被允许的。

（4）忌与人握手时另一只手插在口袋里。

（5）忌面无表情，一言不发，眼神飘忽不定，无视对方的存在。

（6）忌戴着墨镜（患有眼疾或眼部有缺陷者除外）或帽子握手。

（7）忌将对方的手拉过来、推过去，或者上下左右抖个不停。

（8）忌仅握住对方的指尖。

（9）忌握手完毕立即擦拭双手。

（10）忌拒绝与别人握手。

（六）名片的使用

1. 名片的作用

（1）名片是商业人士的身份证和信用证，是引起双方进一步沟通的基础。

（2）名片的作用是介绍身份，目的是让别人知道名片的所有者到底是干什么的。

（3）名片一定不能放在衣袋或钱包里，因为那样不符合社交礼仪的规范，应放在专用的名片夹中。

2. 交换名片

商务活动中，初次见面，最好的自我介绍就是递送名片。

（1）如何递送名片。递送名片时，应双手捏住名片的两角，将名片正面和字体的正面朝向对方，郑重其事地呈递，同时认真而且谦虚地说“这是我的名片，请多多关照”。

（2）如何接受名片。接受对方名片时，即使对方很随意地给你，你还是要郑重其事地用双手接受，并且要用欣赏的口吻认真地念一遍名片上的姓名、企业名称、职务，然后真诚地看着对方说一句："很高兴认识您"，以示尊重，同时也借此记住了对方的姓名。

（七）商务会议礼仪

会议不同于会客。会客是少数人甚至只是两个人之间的交往，而会议则一般是许多人甚至上百人之间的交往。因此，在会议中对宾主进行排位尤为复杂。

1. 会场安排礼仪

要提前布置会场，对必用的音响、照明、空调、投影、摄像设备认真准备。将需用的文具、饮料预备齐全。

举行正式会议时，通常应事先排定与会者，尤其是其中重要身份者的具体座次。越是重要的会议，它的座次排定往往就越受到社会各界的关注。对有关会场排座的规范，我们不但需要略知一二，而且必须认真恪守。在实际操办会议时，由于会议的具体规模多有不同，因此其具体的座次排定便存在一定的差异。

（1）小型会议。小型会议，一般指参加者较少、规模不大的会议。它的主要特征是全体与会者均应排座，不设立专用的主席台。

小型会议的排座，目前主要有如下两种具体形式：

①面门设座。它一般以面对会议室正门之位为会议主席之座。其他的与会者可在其两侧自左而右地依次就座（图 1－1）。

②依景设座。所谓依景设座，是指会议主席的具体位置不必面对会议室正门，而是应当背依会议室之内的主要景致之所在，如字画、讲台等。其他与会者的排座，则略同于前者。

（2）大型会议。大型会议，一般是指与会者众多、规模较大的会议。它的最大特点是会场上应分设主席台与群众席。前者必须认真排座，后者的座次则可排可不排。

①主席台排座。大型会场的主席台，一般应面对会场主入口。在主席台上的就座之人，通常应当与在群众席上的就座之人呈面对面之势。在其每一名成员面前的桌上，均

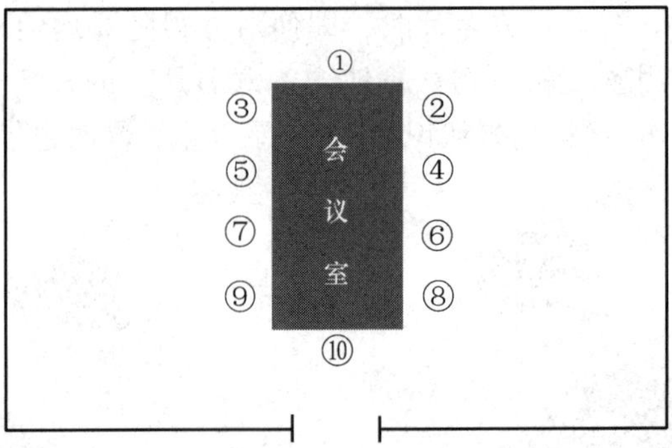

图1－1　小型会议排位

应放置双向的桌签。

主席台排座，具体又可分为主席团排座、主持人座席、发言者席位三个不同方面的问题。

其一，主席团排座。主席团，在此是指在主席台上正式就座的全体人员。国内目前排定主席团位次的基本规则有三：一是前排高于后排，二是中央高于两侧，三是左侧高于右侧。具体来讲，主席团的排座又有单数（图1－2）与双数（图1－3）的区分。

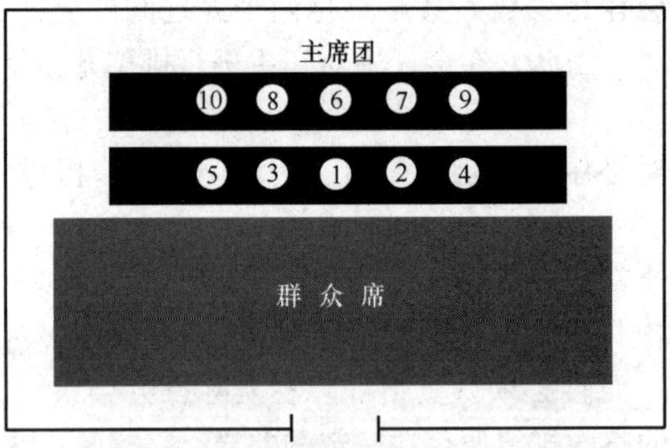

图1－2　主席团排位之一

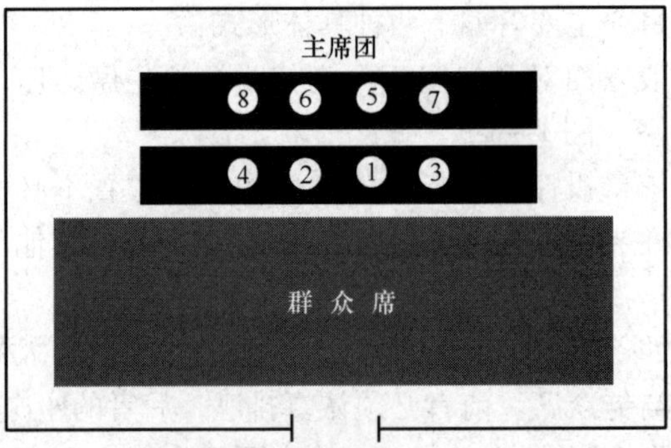

图1－3　主席团排位之二

其二，主持人座席。会议主持人，又称大会主席。其具体位置之所在有三种方式可供选择：一是居于前排正中央；二是居于前排的两侧；三是按其具体身份排座，但又宜令其就座于后排。

其三，发言者席位。发言者席位，又叫作发言席。在正式会议上，发言者发言时不宜就座于原处发言。发言席的常规位置有二：一是主席团的正前方（图1－4），二是主席台的右前方（图1－5）。

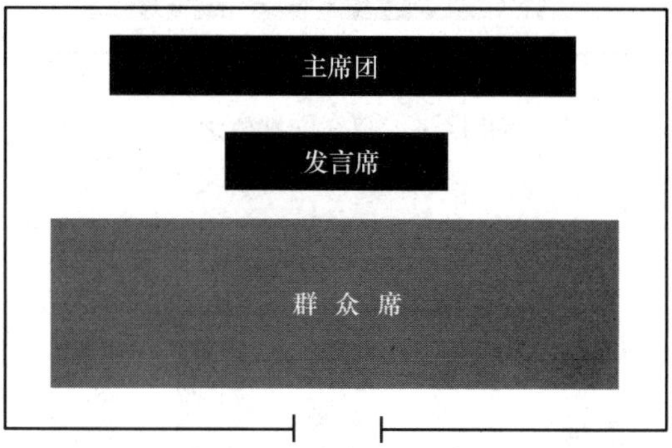

图1－4　发言者席位之一

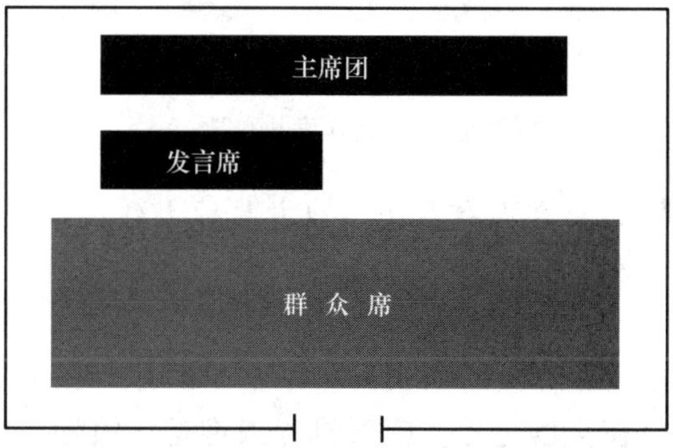

图1－5　发言者席位之二

②群众席排座。在大型会议上，主席台之下的一切座席均称为群众席。群众席的具体排座方式有二。

其一，自由式择座。即不进行统一安排，而由大家自由择位而坐。

其二，按单位就座。它指的是与会者在群众席上按单位、部门或者地位、行业就座。它的具体依据，既可以是与会单位、部门的汉字笔画的多少、汉语拼音字母的前后，也可以是其平时约定俗成的序列。按单位就座时，若分为前排后排，一般以前排为高，以后排为低；若分为不同楼层，则楼层越高，排序便越低。

在同一楼层排座时，又有两种普遍通行的方式：一是以面对主席台为基准，自前往后进行横排（图1－6）。

二是以面对主席台为基准，自左而右进行竖排（图1－7）。

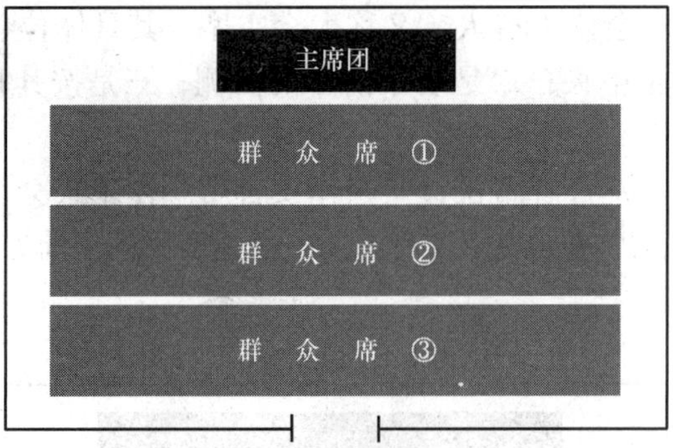

图 1－6　观众席排位之一

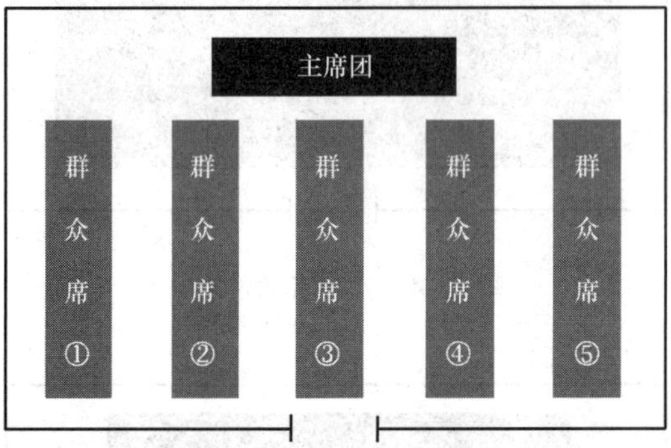

图 1－7　观众席排位之二

签字仪式，主人在左边，客人在右边。双方其他人数一般对等，按主客左右排列。合影时人员排序与主席台安排相同。

2. 会场服务礼仪

要安排好与会者的招待工作。对于交通、膳宿、医疗、保卫等方面的具体工作，应精心、妥当地做好准备。在会场之外，应安排专人迎送、引导、陪同与会人员。对与会的年老体弱者要重点照顾。会议进行阶段，会议的组织者要进行例行服务工作。

3. 与会者礼仪

无论参加哪一类会议，衣着整洁、举止大方都是必要的礼仪。与会者要准时到场，进出井然有序。在会议中，要认真听讲，切忌与人交头接耳、哈欠连天。每当发言精彩或结束时，都要鼓掌致意。中途离开会场要轻手轻脚，不影响他人。会议进行时禁止吸烟，应将手机关闭或调整到振动状态。

会议主诗人要注重自身形象，衣着应整洁、大方，走向主席台时，步伐稳健有力。如果是站立主持，双腿应并拢，腰背挺直。单手持稿时，右手持稿底的中部，左手五指并拢自然下垂。双手持稿时，应与胸齐高。以坐姿主持时，应身体挺直，双臂前伸，两手轻按于桌沿。主持过程中，要根据会议性质调节会议气氛，切忌出现各种不雅动作。在会议期间，主持人对会场上的熟人不能打招呼，更不能寒暄闲谈，会议开始前或休息时间可点头、微笑致意。

会议发言有正式发言和自由发言两种，前者一般是领导报告，后者一般是讨论发言。正式发言者，应注意自己的举止礼仪，走向主席台步态应自然、自信、有风度。发言时应口齿清晰，逻辑分明。如果是书面发言，要时常抬头环视一下会场，不要只是埋头念稿。发言完毕，应对听者表示谢意。自由发言则较为随意，但要讲究顺序、注意秩序，不能争抢发言。与他人有分歧，态度应平和，不要与人争论无休。如果有参加者提问，发言人应礼貌作答，对不能回答的问题，应巧妙地回应，不能粗暴拒绝。

（八）乘车座次礼仪

送上司、客人坐轿车外出办事，应首先为上司或客人打开右侧后门，并以手挡住车门上框，同时提醒上司或客人小心，等其坐好后再关门。

如果你和你的上司同坐一辆车，座位由上司决定，待其坐定后，你再任意选个空位坐下，但注意不要去坐后排右席。

抵达目的地后，你应首先下车，下车后，绕过去为上司或顾客打开车门。并以手挡住车门上框，协助上司或客户下车。

1. 不同车型的座次礼仪

（1）小轿车。小轿车的座位，如有司机驾驶时，以后排右侧（副驾驶后面）为首位，左侧次之，中间座位再次之，前座右侧殿后，前排中间为末席。

如果由主人亲自驾驶，以驾驶座右侧（副驾驶位）为首位，后排右侧次之，左侧再次之，而后排中间座为末席，前排中间座则不宜再安排客人。主人亲自驾车，坐客只有一人，应坐在主人旁边。若同坐多人，中途坐前座的客人下车后，在后面坐的客人应改坐前座，此项礼节最易疏忽。

主人夫妇驾车时，则主人夫妇坐前座，客人夫妇坐后座，男士要服务于自己的夫人，宜开车门让夫人先上车，然后自己再上车。

如果主人夫妇搭乘友人夫妇的车，则应邀友人坐前座，友人之妇坐后座，或让友人夫妇都坐前座。

要特别注意的是，根据常识，轿车的前排，特别是副驾驶座，是车上最不安全的座位。因此，按惯例，在社交场合，该座位不宜请妇女或儿童就座。而在公务活动中，副驾驶座，特别是双排五座轿车上的副驾驶座，则被称为“随员座”，专供秘书、翻译、警卫、陪同等随从人员就座。

（2）吉普车。吉普车无论是主人驾驶还是司机驾驶，都应以前排右座为尊，后排右侧次之，后排左侧为末席。上车时，后排位低者先上车，前排尊者后上。下车时前排客人先下，后排客人再下车。

（3）商务车。一般以驾驶座后第一排为尊，后排位依次为小，同排位次以右侧为首，左侧次之。

（4）旅行车。在接待团体客人时，多采用旅行车接送客人。旅行车以司机座后第一排即前排为尊，后排依次为小。其座位的尊卑，依每排右侧往左侧递减。

2. 上下车姿势

上车姿势：上车时要注意姿态优雅（主要指女士），姿态应该为“背入式”，即站在座位边上，将身体背向车厢入座，把身体降低，让臀部坐到位子上，坐定后即将双脚同时缩进车内，双膝一定保持合并的姿势（如穿长裙，应在关上车门前将裙子弄好）。女士登车不要一只脚先踏入车内，也不要爬进车里。

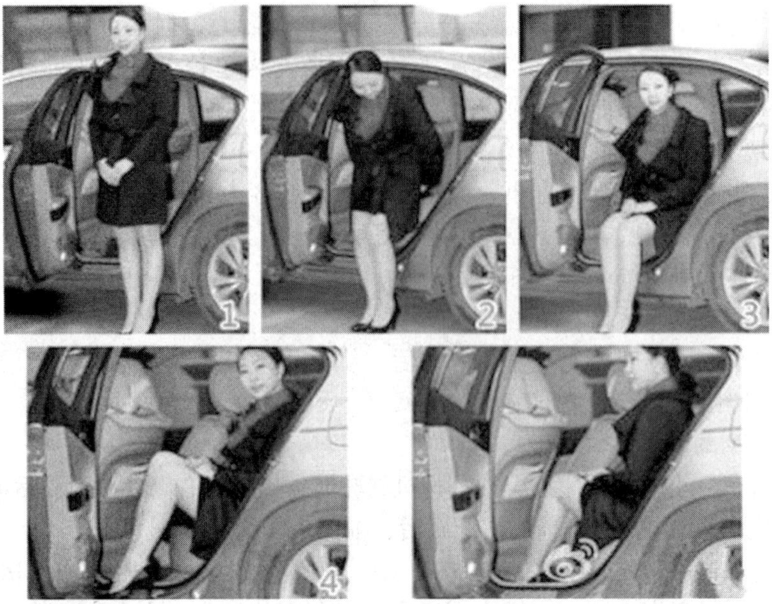

下车姿势：应将身体尽量移近车门，立定，然后将身体重心移至另一脚，再将整个身体移离车外，最后踏出另一只脚（如穿短裙则应将两只脚同时踏出车外，再将身体移出，双脚不可一先一后）。

（九）餐饮宴会礼仪

餐饮是一种常见的社交活动，中国餐饮文化很丰富，中国人热情好客，很讲究餐饮礼仪。中餐宴会是指具有中国传统民族风格的宴会，遵守中国人的饮食习惯和礼仪规范。

宴请活动就其目的性质而言，大约分为三种：一种是礼仪性质的，如为迎接重要的来宾或政界要员的公务性来访；为庆祝重大的节日或举行一项重要的仪式等举行的宴会，都属于礼仪上的需要，这种宴会要有一定的礼宾规格和程序。另一种是交谊性的，主要是为了沟通感情、表示友好、发展友谊，如：接风、送行、告别、聚会等。再一种是工作性质的，主人或参加宴会的人为解决某项工作而举行的宴请，以便在餐桌上商谈工作。这三种情况又常交相为用兼而有之。宴会的目的形式性质不同，但宾主所遵循的基本礼仪是一致的。

1. 座次安排

正式宴会，一般都事先安排座次，以便参加宴会者入席时井然有序，同时也是对客人的一种礼貌，非正式的宴会不必提前安排座次，但通常就座也要有上下之分。安排座位时应考虑以下几点：一是以主人的位置为中心。如有女主人参加，则以主人和女主人为中心，以靠近主人为上，依次排列；二是要把主宾和夫人安排在最主要的位置。通常是以右为上，即主人的右手是最主要的位置。离门最远的、面对着门的位置是上座，离门最近的、背对着门的位置是下座，上座的右边是第二号位，左边是第三号位，依次类推；三是在遵从礼宾次序的前提下，尽可能使相邻者便于交谈；四是主人方面的陪客应尽可能插在客人之间，以便与客人交谈，避免自己的人坐在一起。

2. 宾主礼仪

（1）主人的礼仪。应该说，宴会的成功有赖于主人的热情好客，慷慨招待和细致周到的组织安排。从礼节上讲，主人的职责是使每一位来宾都感到主人对自己的欢迎之意。主人举办宴请，无论是中餐还是西餐，无论是出于什么原因和目的，主人都应提前对客人发出口头或书面邀请，并依照客人的习惯、特点安排好请客时间、地点等事宜。礼仪性宴请礼节更隆重讲究。在宴会开始前，主人应该站立门前笑迎宾客，晚辈在前，长辈居后。对每一位来宾，要依次招呼，待客人大部分到齐之后，再回到宴会场所中来，分别跟客人打招呼、应酬（家庭便宴比较随便，主人不一定在门口迎客，可在客人到达时趋前握手招呼）。主人对宾客必须热诚恳切，一视同仁，不可只注意应酬一两个忽略了别的客人。入席前，烟、茶不可全部假手他人或服务员代劳递送，主人应尽可能地亲自递烟倒茶。上菜后，主人要先向客人敬酒，说一些感谢光临的客气话。此后每一道菜上来，都要先举杯邀饮，然后请客人“起筷”。要照顾到客人的用餐方便，及时调换菜点或转动餐台。遇到有特殊口味的客人要及时调换菜点。席散后，主人要到门口，恭送客人离去。对那些在宴请中照顾不多的客人，应说几句抱歉和感谢之类的话。对走在后面的客人，可略为寒暄几句。

（2）做客礼仪。作为应邀参加宴会的客人，如时赴约，举止得当，讲究礼节是对主人的尊重。还应注意以下几个问题：①服饰。客人赴宴前应根据宴会的目的、规格、对象、风俗习惯或主人的要求考虑自己的着装，着装不得体会影响宾主的情绪，影响宴会的气氛。②点菜。如果主人安排好了菜，客人就不要再点菜了。如果你参加一个尚未安排好菜的宴会，就要注意点菜的礼节。点菜时，不要选择太贵的菜，同时也不宜点太便宜的菜，太便宜了，主人反而不高兴，认为你看不起他，如果最便宜的菜恰是你真心喜欢的菜，那就要想点办法，尽量说得委婉一些。③进餐。进餐时举止要文明礼貌，“不马食，不牛饮，不虎咽，不鲸吞，嚼食物，不出声，嘴唇边，不留痕，骨与秽，莫乱扔”。面对一桌子美味佳肴，不要急于动筷子，须等主人动筷说“请”之后你才能动筷。主人举杯示意开始，客人才能用餐。如果酒量还能够承受，对主人敬的第一杯酒应喝干。同席的客人可以相互劝酒，但不可以任何方式强迫对方喝酒，否则是失礼。自己不愿或不能喝酒时，可以谢绝。夹菜时，一是使用公筷；二是夹菜适量，不要取得过多，吃不了剩下不好；三是在自己跟前取菜，不要伸长胳膊去取远处的菜；四是不能用筷子随意翻动盘中的菜；五是遇到自己不喜欢吃的菜，可很少地夹一点，放在盘中，不要吃掉，当这道菜再传到你面前时，你就可以借口盘中的菜还没有吃完，而不再夹这道菜，最后你应将盘中的菜全部吃净。进食时尽可能不咳嗽、打喷嚏、打呵欠、擤鼻涕，万一不能抑制，要用手帕、餐巾纸遮挡口鼻，转身，脸侧向一方，低头尽量压低声音。④参加宴会最好不要中途离去。万不得已时应向同桌的人说声对不起，同时还要郑重地向主人道歉，说明原委。吃完之后，应该等大家都放下筷子，主人示意可以散席，才能离座。宴会完毕，你可以依次走到主人面前，握手并说声“谢谢”，向主人告辞，但不要拉着主人的手不停地说话，以免妨碍主人送其他客人。

(3) 宴会上要注意的其他礼仪。①筷子的用法。筷子虽然用起来简单、方便，但也有很多规矩。比如：不能举着筷子和别人说话，说话时要把筷子放到筷子架上，或将筷子并齐放在饭碗旁边。不能用筷子去推饭碗、菜碟，不要用筷子去叉馒头或别的食品。其他用筷忌讳还有：忌舔筷——不要用舌头去舔筷子上的附着物；忌迷筷——举着筷子却不知道夹什么，在菜碟间来回游移，更不能用筷子拨盘子里的菜。忌泪筷——夹菜时滴滴答答流着菜汁。应该拿着小碟，先把菜夹到小碟里再端过来。忌移筷——刚夹了这盘里的菜，又去夹那盘里的菜，应该吃完之后再夹另一盘菜。忌敲筷——敲筷子是对主人的不尊重。另外，筷子通常应摆放在碗的旁边，不能放在碗上。在用餐时如需临时离开，应把筷子轻轻放在桌子上碗的旁边，切不可插在饭碗里。现在有些宴席实行公筷母匙，那么，你就要记住不能用个人独用的筷子、汤匙给别人夹菜舀汤。②餐巾的用法。如今很多餐厅都为顾客准备了餐巾，通常，要等坐在上座的尊者拿起餐巾后，你才可以取出平铺在腿上，动作要小，不要像斗牛似的在空中抖开。餐巾很大时可以叠起来使用，不要将餐巾别在领上或背心上。餐巾的主要作用是防止食物落在衣服上，所以只能用餐巾的一角来印一印嘴唇，不能拿整块餐巾擦脸、擤鼻涕，也不要用餐巾来擦餐具。如果你是暂时离开座位，请将餐巾叠放在椅背或椅子扶手上。用完餐，将餐巾叠一下放在桌子上，可千万别揉成一团“弃”在那儿，好像一朵被你摧残过的花朵。③一般餐桌上会为每位用餐者准备茶水、饮料和酒水，通常茶水、饮料和酒水在右侧，饮用时尽量不要用错。④作为主人（特别是陪同人员），宴会进行期间可能为客人斟酒上菜，应该从客人左侧上菜，从客人右侧斟酒。

(4) 自助餐礼仪。自助餐的特点是不设固定席位，可以任选座位，站着也行，形式活泼，很便于彼此的交流。菜肴、食品连同餐具都摆设在桌上，任由客人自取，喜欢什么，量的大小，完全自主。在这种场合也要注意礼仪。一次不宜取太多的食物，不够可以再添，以免让别人笑话自己没吃过东西，没见过世面，如果剩下一堆，就更失礼了。另外，要把骨头、鱼刺等拨到盘子一边。吃完自助餐，不能将食物带出餐厅。

任务三　接打电话礼仪

电话是人们最常用的通信工具。接打电话是商务工作中的常见内容，商务人员在接打电话时，如何才能给对方留下良好的印象？如何才能礼貌而高效地完成工作目标？为了做到这些，我们有必要掌握商务工作中的电话礼仪和有效的工作方法。

【案例引导】

王小姐是金地公司总经理的秘书。在她上午上班时，电话铃就响了。王小姐在铃响第二声的时候接电话，“您好！这里是金地公司，我是王秘书。”电话是上司打来的，让王小姐通知各部门主管下午3：00到会议室开会，会议主题是关于新产品发布的事项。王小姐在电话记录本上记录下时间、地点、内容。挂断电话后，王小姐把所有要通知的部门在便笺上列出，然后逐个打电话通知。通知销售部主管时，王小姐在电话里这样说的：“李主管，今天下午3：00在会议室有一个关于公司新产品发布事项的会议，会议由总经理主持，希望您到时参加。”得到肯定答复后，王小姐等对方挂断电话后再挂断电话。

【实训任务】

任务1：天利食品机械公司的业务员小王计划给华兴食品厂的李经理打电话，电话的内容主要是商谈2套食品机械签约事宜，打电话的时间可能要超过半个小时，请学生分成2个人一个组，分别扮演业务员和李经理进行配对练习。学生在拨打电话时，按照流程进行。要注意拨打前的准备，电话记录，介绍时要放慢语速，交代要简练、清晰，断线时要及时重拨等。要找的人不在时，如何处理留言。

任务2：蓝天公司的客户——华盛公司采购部刘经理因设备质量问题打来电话，这种质量问题牵涉公司的几个部门，蓝天公司销售部的业务员小赵接听这个来电。请学生分成2个人一个组，分别扮演业务员小赵和刘经理进行配对练习。学生在接听电话时，按照流程进行。要注意记录电话的相关信息，对客户投诉的质量问题要准确记录，并及时通报自己的上级。

【实训步骤】

1. 分组，分成二人一组（男女不必分开）
2. 回顾电话礼仪相关知识
3. 根据任务1要求练习打出电话，记录打电话前的准备内容，通电话时的内容
4. 根据任务2要求练习接听电话，记录电话的相关信息，对客户投诉的质量问题要准确记录，及通报上级的情况
5. 完成并上交技能训练报告

实训报告格式

实训报告表

实训报告		
学号	姓名	时间
实训内容：		分数
实训目的：		
实训步骤：		
实训总结：		
实训建议：		

【相关知识】

（一）拨打电话

1. 拨打电话前的准备

（1）拨打时间是否合适。打电话时，要考虑对方是否方便。一般应在早上九时后晚上十时前。不要选择过早、过晚或对方休息的时间打电话，因为半夜或清晨被电话吵醒，都会感到反感的。往办公室打电话，最好避开下班时间、中午休息的时间。非特殊情况中，不要在节日、假日、用餐和休息时间给对方打电话。拨打国际电话时，首先要考虑对方国家的时差。如：中国同美国差 12 小时，北京下午 4 点时美国是晚上的后半夜。如果忽视时差，冒失地把对方从睡梦中惊醒是十分不礼貌的。

（2）拨打内容复杂的电话要先有底稿。拨打内容复杂的电话前要做好准备，把要谈的内容归纳成几条，写在纸上作为底稿。以便打电话时做到层次分明、有条有理，把要说的说了，不要出现丢三落四的情况。更不要吞吞吐吐，东拉西扯，否则，既浪费了时间，又给对方留下糟糕的印象。

2. 拨打电话铃响七声

拨打电话要有耐心，当铃响过七声后才确认对方没有人，再挂断电话。如果拨通后是忙音，应挂断电话，过几分钟后再进行重拨。通话过程中，如果出现线路中断，应主动及时地重拨，拨通后应先表示歉意，尽管这并不是你的过错。即使是在通话即将结束时出现线路中断，也要重新拨打过去，把话讲完。如果拨错了号码，要态度诚恳地道歉，“对不起，我可能拨错号了”。绝不可一挂了之，更不能盘问对方为什么不是自己要找的人。正确的做法是：询问一下对方的号码，看是不是与自己所拨的号码相同，以免再次拨错，然后，礼貌地道声“谢谢，再见！”

3. 先行问候，并通报单位姓名

电话拨通后要先向对方恭敬地道一声“您好”，再主动介绍单位的名称和自己的姓名。为使对方能听清楚，说话节奏应比交谈时稍微慢些。比如，你可以说：“您好！我是蓝天公司的李明。请问赵先生在吗？”如果是他人代接的电话，等本人来接时，还需要再报一次姓名和公司名。

若要找的人恰巧不在，或不能来接电话，你可用协商的口气请接电话的人转告。留言时要说清楚自己的姓名、公司名称、电话号码、回电时间、转告的简要内容等。如：“您好！我是蓝天公司销售部的李明，我们经理想和赵先生商量有关销售计划方面的事宜。”在对方记下这些内容后，千万不要忘记询问对方的姓名，在记录本上记录下来，以备查找。

如果你计划在电话中与对方讨论问题，通话时间需要较长时，应首先礼貌地进行询问。如：“赵先生，我想和你讨论一下销售计划中方案选择的问题，大概需要占用你二十分钟。不知您现在方不方便？”可能对方会另约时间，也可能对方同意现在进行。但是我们在拨打这种电话时，一定要先征求对方意见，不要接通就长篇大论地说个没完，也许对方现在正忙，根本没有时间。

4. 要有拨打记录

对于商务电话，你在拨打前就应该是写在工作日程中的。如：打电话给客户王某商谈样品寄送问题。拨打时应记录下拨打时间。拨打过程中，应该对拨打的重要内容简练地记录。如：样品数量、寄出时间、快递公司名称等。拨打结束后，应在日程表中标注：已经完成，以备以后核查。

拨打电话记录表

拨打日期	拨打时间	对方电话	接电话人	电话内容	备注

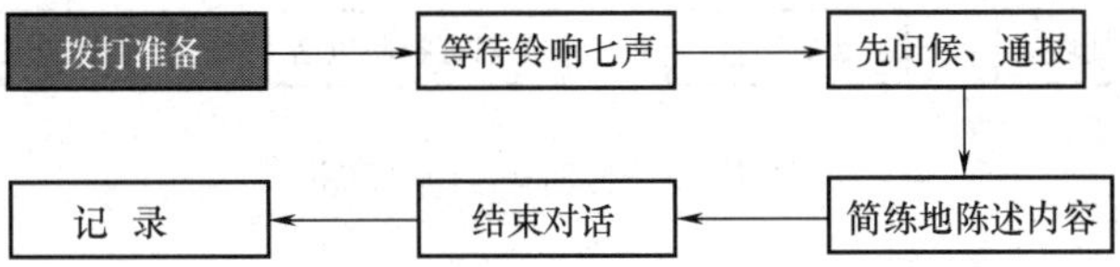

图 1-8　拨打电话流程图

在办公室打电话，要照顾到其他电话的进出，不可长久占线。

（二）接听电话

1. 电话响铃三响以内接听

接听电话有“铃响不过三”的惯例，就是说接听电话以铃响三次左右为最适合。办公室的电话铃一响，应尽快去接，不要拖延时间。在特殊情况下，如：外出回来发现电话已经响过三遍，应立即接听电话，并主动道歉："对不起，让您久等了"。让来电方感到自己是被重视、被尊敬的。

2. 先行问候

拿起电话后，要先自报家门，一般可以说："您好，这里是某某公司某某部"。声音应清晰、亲切，语速要适中，这样不仅是礼貌的表示，也是为了让对方验证一下，是否拨错电话。询问时应注意选择适当的时候，根据对方的反应再委婉询问。注意不能用很生硬的口气说："他不在""打错了""没这人""不知道"等语言。电话用语应文明、礼貌，态度应热情、谦和、诚恳，语调要平和、音量要适中。

3. 记录来电信息

在接听电话时，应该在桌面的右上方放置一个专用的记录本，以便于随时记录电话中的信息。这些信息主要是指：来电的日期、时间、来电内容，对方姓名、单位、电话号码，要传达的意思和对象。接电话时，对对方的谈话可作必要的重复，重要的内容应简明扼要地记录下来。这样可以准确地对电话内容进行核实，避免错误。表记录要简洁、完整、准确。可以根据公司条件编制来电记录表，如下表所示。

来电记录表

来电日期	来电时间	来电人	单位	来电电话	来电内容	备注

4. 及时处理或通报上司

对记录好的来电信息，应该进行整理和筛选，根据轻重缓急进行处理。对于要立即解决的问题要尽早制订计划，着手解决。对于自己难以处理的事，要通报上司，听取上司的意见再进行处理。如果是其他同事的事情，则应及时转达相关信息给同事。对于无关紧要的来电，可以放置一旁，不处理。

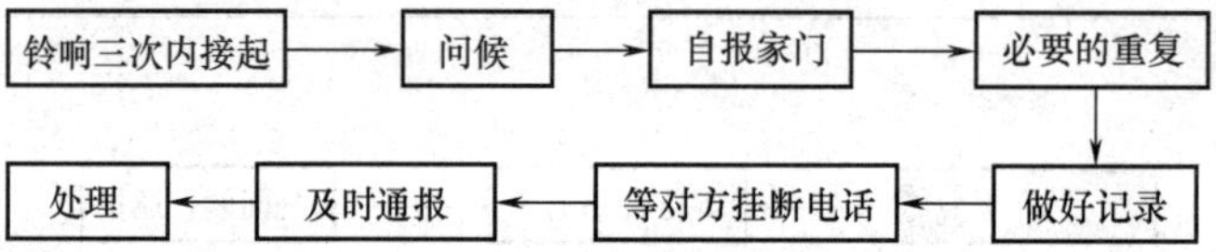

图 1-9　接听电话流程图

（三）手机礼仪

使用个性化手机铃声应注意场合，铃声要和身份相匹配，音量不能太大，内容要健康，铃声不能给公众传导错误信息。开会、上课或其他重要集会时应关机或设置静音。非经同意，不能随意动用别人的手机或代别人接听手机。不要用手机偷拍。

项目二　调查和评价大学生超市

【知识目标】

强化服务整体评价方面的相关知识、顾客对服务期望方面的知识和商务环境建设与塑造方面的知识。

【能力目标】

能够对一家服务企业的总体运行情况进行评价，能够通过调查把握顾客对服务的期望，能够评价一家服务企业的商务环境情况并提出改进意见。

企业既可能在服务表现层级上上升，也可能下降。将重点放在满足现有顾客上的企业可能会错过市场的重大转型，到头来发现自己已成为明日黄花。它们的业务也许会持续服务于一个忠诚的却日趋萎缩的顾客群，却不能以不同期望值吸引新的顾客。那些基于某一特定技术流程的原先成功的企业可能会发现其竞争对手正在设法寻求服务更好的其他产品或服务。那些多年来致力于以强大的服务道德建立忠诚的员工队伍的企业，可能会发现这种文化由于与新型的、具有迥异工作重点或更强调短期利润的领先企业的兼并而很快毁于一旦。

我们发现大多数市场中的企业都正在提高它们的服务表现层级。它们努力协调其市场营销、运营和人力资源管理职能部门，以获得更好的竞争地位，并且更好地满足顾客需求。大学生超市也是这些企业之一，正希望通过大家的努力提高其服务表现层级。

任务一　调查和评价大学生超市的整体服务水平

一个被认可为服务领先企业的组织为其顾客提供了卓越的价值和质量。它具备足以打败竞争者的营销战略，同时也被视为运营管理方面的领先者，因其极佳的业务流程及对技术的创新使用而享有盛誉。最后，人们对其工作场所也做了很高的评价。这类企业在人力资源管理实践方面处于本行业的领先地位，拥有众多忠实的、生产效率高并以顾客为中心的员工。显然，优秀的服务企业在企业的市场营销、运营和人力资源三个方面都有其过人之处。

【案例引导】

1. 有谁能够相信20 世纪 80 年代中叶的 Le Club des Talons Hauts（高跟鞋俱乐部），一小群说着法语、踩着高跷、住在加拿大魁北克市附近的青年旅馆中的街头艺人有朝一日会成为享誉全球的太阳马戏团？太阳马戏团凭借其没有动物参与的对音乐、舞蹈和杂技的独特结合，创造了一种全新的受全世界数百万观众喜爱的现场表演形式。“人们说我们彻底改造了马戏，但我们并没有重塑马戏团，”马戏团的团长盖伊·拉利伯特（Guy

Laliberté）说："我们以一种更加现代的方式对马戏表演进行了重新包装……我们采用了一种观众喜闻乐见的艺术形式。我们挖掘了一些被人们遗忘的东西，并把它们重新组合起来，推上艺术的舞台。"

为了维护目前的声誉，太阳马戏团要在与其有合作关系的度假村进行6场巡回演出和6场常驻演出，其中在拉斯维加斯赌场酒店演出5场，在佛罗里达州的沃尔特·迪士尼乐园度假区演出1场。此外，马戏团还必须面对和解决一系列财务、管理和艺术问题。对包括许多前奥林匹克运动员在内的高薪演员来说，延伸的理念（包括身体和心理意识）在他们的职业生涯中非常重要。"创作者总是需要新的挑战。"首席运营官丹尼尔·拉马尔（Daniel Lamarre）说。

现在，太阳马戏团也面临着新的竞争对手，其中还有两家与其渊源颇深。太阳魔幻特技团和太阳奥斯马戏团都是由魁北克市两家新近成立的马戏学校所输送的毕业生组成的。在法国和阿根廷也出现了太阳马戏团的模仿者。更大的挑战来自于一家叫作费尔德的美国公司，该公司旗下拥有著名的林林兄弟马戏团。费尔德公司已经开发了一个名为"巴纳姆的万花筒"的节目，该节目用更高票价的杂技表演与现场音乐的结合取代了传统的马戏表演。

近年来，太阳马戏团通过增加在新的合作度假村的演出场次来实现盈利。2006年，马戏团发起了一场名为"爱"的演出，这场演出以披头士的音乐为基础，使海市蜃楼赌场成为马戏团在拉斯维加斯的第五家合作者。然而，马戏团面临的一个重要问题是：随着核心市场竞争变得越来越激烈，马戏团将如何实现未来的发展？新的竞争抬高了搜寻和保留顶级表演者的成本。这家私人控股的加拿大公司虽然在几乎相同的演出产品上只进行了细微的改动，却仍然能够以较高的票价支撑1000人的上座率，但是并不清楚这种情况究竟还能维持多久。因此，公司需要进行持续的变革和发展。

2. 宜家北美公司曾被《财富》杂志评选为2007年度最佳雇主之一。那么是谁在领导这家公司呢？佩妮莱·施皮尔斯·洛佩兹（Pernille Spiers - Lopez）出生于丹麦，1990年加入宜家北美公司担任市场经理，负责西海岸商店。她逐步得到晋升，于2010年成为北美公司的总裁。佩妮莱·施皮尔斯·洛佩兹具有的某些独特的个人魅力和价值观影响了宜家北美公司的企业文化。

宜家公司的企业文化非常重视对员工的关怀，而这恰恰来源于施皮尔斯·洛佩兹自己的个人价值观。她坚定地认为家庭应放在首要地位，因此努力让员工在工作中保持常规工作时间，且避免在周末时间出差。她还期望那些有家庭的员工将家庭放在第一位。为了表彰施皮尔斯·洛佩兹在关心员工家庭生活方面所做的贡献，《职业母亲》杂志评选她为"家庭冠军奖"。在她的领导下，宜家北美公司还向其员工提供全美极少数零售店才提供的福利。例如：那些一周工作20小时的兼职员工甚至也可以享受全额医疗和牙科保险，这些保险包括其配偶和孩子。

【实训任务】

通过与大学生超市员工进行访谈和自身的购物体验，对大学生超市在市场营销、运营和人力资源管理三个方面进行评价，判断大学生超市的服务表现属于哪一个层级。

学生分成四个人一小组，每组选出一个评审组长，负责概括和总结其他三位同学的评价意见。其他三位同学各负责评价一个项目。评价意见必须有足够的佐证材料进行支撑。如果认为大学生超市属于较低层级，各小组必须提出推动大学生超市升级的建议。

【实训步骤】

1. 分组，分成四人一组（男女不必分开）并选出一位组长
2. 回顾服务评价相关知识
3. 小组成员确定评价指标并对大学生超市的服务进行评价
4. 组长根据组员的评价对大学生超市的服务做出综合评价，并确定等级，提出改进建议
5. 完成并上交技能训练报告

实训报告格式

实训报告表

实训报告		
学号	姓名	时间
实训内容：	分数	
实训目的：		
实训步骤：		
实训总结：		
实训建议：		

【相关知识】

服务提供者的表现可归类为四大层级：失败企业、服务平庸企业、专业企业和领先企业。不同层级的企业在市场营销、运营和人力资源管理三个方面的表现是不一样的。这三个方面又可以从几个角度来评价。在市场营销功能方面，我们要了解市场营销、竞争力、顾客构成和服务质量各自所起的作用；在运营功能方面，我们要了解运营部门、服务传递（前台）、后台运营、生产力和新技术引进等起到的作用；最后，在人力资源功能方面，我们要检验人力资源部门、人力、前后管理所起的作用。最终目的是知道经营表现不够好的企业应该做哪些改变。具体评价标准如表 2－1 所示。

表 2－1　　　　　　　　　　四大服务表现层级表

层级	失败企业	平庸企业	专业企业	领先企业
市场营销功能				
市场营销的作用	仅起战术作用；广告和促销缺乏重心；市场营销部门没有参与产品和定价决策	采用销售和大众传媒策略组合，采用简单的市场细分战略；有选择性采用打折和促销手段；对基本顾客满意度进行调查并制成表格	对所面对的竞争有清晰的定位战略目标；采用有针对性和具有明显吸引力的传播策略，向顾客澄清承诺并为其提供相关的培训；根据产品或服务的价值定价；监测顾客的使用情况和运作顾客忠诚度项目；采用不同的调研技术测定顾客满意度，并获得提高服务水平的方案；与运营部门合作，引入新的服务传递体系	在所选择领域具有创新性的领先者，因其高超的市场营销技能而著称；产品/流程层级上树立了品牌；对相互关联的一对一市场营销数据和主动会计管理数据的数据库进行了综合的分析；采用理念测试、观察和利用核心顾客作为新产品开发的输入数据；熟悉公司的运营/人力资源部门
竞争力	顾客对企业的惠顾与企业的服务表现无关	顾客不寻找企业，也不回避企业	顾客根据企业满足顾客期望的持续声誉来搜寻企业	企业的名称与其卓越的服务相一致；企业取悦于顾客的能力，有助于提升满意度，以达到竞争对手无法企及的水平
顾客构成	未限定的；以最低的成本服务于大众市场	对某一组或更多细分市场的基本需求有所了解	对公司来说，需求和价值多元化的群体应被清晰地理解	根据其对企业的未来价值来选择并保留顾客，包括他们在新服务机会方面的潜力，以及激发创新的能力
服务质量	变动性很强，顾客通常是不满意的，迁就运营部门所确定的优先项	满足顾客期望；在某一或某两个关键维度较为稳定，但不是所有维度	多维度地持续满足并超越顾客的期望	提高顾客期望以达到一个新的水平面并持续改进
运营功能				
运营部门的地位	回应顾客需求；成本导向	主要生产线的管理功能；制造并交付产品，关注标准化，将其视作生产力的关键；从企业内部视角定义服务或产品质量	在竞争战略上起到了战略性作用；了解如何平衡生产力与满足顾客定义质量之间的关系；有外包意愿；针对构想和威胁，甄别各种有竞争力的运营方式	该部门在创新、汇聚焦点和创造杰出表现方面得到认可；与市场营销部门和人力资源部门建立平等的合作关系；有内部研发能力，并与学术机构建立联系；持续试验

续表

层级	失败企业	平庸企业	专业企业	领先企业
市场营销功能				
服务传递（前台）	必定存在弊端；选址与传递计划制定与顾客的偏好无关，顾客的需求长期被忽略	恪守传统的保守派；“如果没坏，就别修”；对顾客限定很多条条框框；交付中每一步都独立运营	受顾客满意度，而不是受传统观念驱动；愿意由用户自定义，欢迎新方法；以速度、便捷程度和舒适程度来衡量	传递方面形成以顾客为中心的组织的无缝流程；员工了解他们所要服务的顾客；以持续改进为重点
后台运营	与前后服务分离；企业整体运营的一部分	能贡献于前后传递流程中的每一步，但是并未组织在一起；对顾客不熟悉	后台流程与前后活动有清晰的联系；起为“内部顾客”服务的作用，而内部顾客则会进一步服务于外部顾客	与前台交付紧密整合，即使地理位置上相距遥远也是如此；了解后台自身的作用与服务外部顾客的整体流程的关系；持续对话状态
生产力	未明确；经理会因支出超出预算而受到责罚	基于标准化运营；经理如果将成本控制在预算之内，则可获得奖励	重点是后台流程工程的再造；避免生产力改进使顾客服务体验降级；持续优化效率流程	理解回归质量的理念；积极寻求顾客对生产力改进的参与；新流程和技术的持续测试
新技术引进	采用较晚，只是在企业生存压力下而不得已为之	如果确认可以节约成本，则会跟风采用	意识到IT在优化客户服务和提供竞争优势方面的潜力，很早就开始采用	与技术领先的企业合作，开发新的产品，以创造先动优势；创建竞争者无法达到的服务水平
人力资源功能				
人力资源部门的作用	提供只能满足最低职位要求的低成本员工	招聘并培训员工，使其能胜任职位	致力于有选择性地招聘，持续培训；贴近员工，调动其向上的积极性；努力提高其工作生活质量	视员工质量为战略优势；企业所提供的工作环境非常舒适；人力资源部门协助高层管理塑造企业文化
人力	被动受约束；表现较差，漠不关心，不忠诚	足够的人力资源，按照规程操作，但缺乏主见；营业额通常较高	使员工有激情地努力工作，允许在工作流程的选择上有区别，提供相关建议	员工有创造力，且是授权的；员工非常忠诚、笃行企业的价值观和目标；创新流程
前台管理	控制员工	控制过程	倾听顾客需求；培训和激励员工	高层管理新理念的源泉；作为训导者，促进员工自身职业发展，同时为企业带来价值

（一）服务失败企业

这些企业处在最底层。无论在市场营销、运营，还是人力资源管理方面，它们都一败涂地。顾客之所以从它们那里购买是因为通常没有其他的选择余地。这是失败企业继续存在的原因。他们只有在迫不得已的情况下才引进新技术，而且漠不关心的员工对企业经营表现产生了负面影响。

（二）服务平庸企业

尽管仍有很多改进的空间，但是服务平庸企业还是摆脱了失败企业的很多弊端。平庸企业有对经营的固有观念，即节约成本可通过标准化来实现。它们的营销战略非常简单。人力资源部门和运营部门所起的作用可以分别概括为“人员足够就是够好了”和“如果企业没有破产，为何要改进”。顾客既不愿意寻找，也无意回避这类企业。管理者会谈到改进质量和其他目标，但却不能设定优先项，制定明确的目标，也不能获得员工的尊重，并使他们为企业效力。很多企业可能在某些方面存在相互竞争，但是你会发现很难对它们进行区分。它们或许会利用价格折扣吸引新的顾客。

（三）服务专业企业

这些企业对市场定位战略有清晰的认识。目标细分市场内的顾客根据企业满足顾客需求方面的商誉，寻找这些企业。市场营销是采用针对目标群体的传播策略，定价则是基本顾客价值。企业建立对顾客满意度的评定体系，并为服务改进汲取对策。运营及市场营销部门则共同协作引进新的服务传递系统。它们还认识到要平衡生产力和顾客界定质量的关系。后台与前后活动有清晰的联系。企业对人力资源部门的管理投资不菲。成功的人力资源战略导致服务专业企业内的绝大多数员工都有较高的表现水平。这些战略对顾客满意度以及忠诚度产生了正面影响。

（四）服务领先企业

这类企业是相关产业的佼佼者。服务专业企业确实不错，但是服务领先企业则更为出色。当我们谈到服务领先企业时，我们就会想到星巴克、丽思卡尔顿酒店以及西南航空公司。谈到这些企业的名字就让人联想起优质服务和满足顾客需求的卓越能力。服务领先企业在管理的每个职能部门都有所创新，而且在三大职能部门之间的内部沟通和协调上做得很出色。这些是通过相对扁平化的组织结构和项目团队的组建来实现的。

服务领先企业在市场营销方面通过采用客户关系管理系统使公司建立对顾客的一对一的深入了解。在开发新型的、有突破性的服务（这些服务都是对先前未能认识到的需求的响应）时，企业需要采用与核心顾客进行理念测试、观察和建立联系的方式。运营专业人员与世界上的技术领先企业合作，共同开发新的应用程序，以便创造先动优势。这样一来，企业可以在其竞争者无法在短期内达到的服务层级上有所表现。从内部来讲，员工有明确的标准和标准化的服务流程可遵守，这可以提高员工工作效率。高级管理者将员工的质量视为重要的竞争优势。人力资源管理部门与高管共同创造并维持以服务为中心的企业文化，创造可吸引和留住最佳人才的优质工作环境。员工自身也效力于企业的价值观和目标。员工因参与、被授权并迅速成为负责人，而不断地为企业注入新的理念。

任务二 调查和评估顾客对服务的期望

顾客在接受服务后会对服务进行评价，并将其与之前的期望相比较。有形环境、服务人员等都会影响顾客对服务质量的感知。一方面，如果满足或超出了顾客的期望，他就会觉得自己接受了高质量的服务。如果其他的环境和人员因素也是积极正面的，那么顾客可能会觉得满意，从而再次购买并保持忠诚。另一方面，如果顾客的期望未得到满足，很可能就会不满。他们或者抱怨、默默忍受，或者更换服务提供者。在竞争激烈的服务市场中，顾客会不断地期望服务提供者能预测和满足他们的要求。

【案例引导】

前进保险公司（Progressive Casualty Insurance Co.）。该公司一直非常自豪于为顾客提供非凡的服务，公司在索赔处理这一领域做出了显著的成就。为了在降低成本的同时提高顾客满意度和保留率，公司推出了即时反应服务，为顾客提供一周7天、每天24小时不间断的索赔服务。协调员在移动索赔车上工作的时间超过了在办公室工作的时间；与此同时，公司还制定了每个协调员必须将检查受损车辆的时间缩短到9小时的目标。在很多情况下，索赔代表在证据还很“新鲜”，即事故发生之后很短的时间内赶到现场。参考下面的场景：佛罗里达州坦帕市的事故现场人声嘈杂、气氛紧张。两辆车都被撞坏了，乘客虽然没有流血，但却十分惊恐，一直在颤抖。兰斯·埃哲（Lance Edgy），一位前进保险公司的高级索赔代表，在两辆车相撞后的几分钟内就赶到了事故现场。他平复受伤人员，并向他们提供医疗、维修、警察报告和法律程序上的建议。之后，埃哲与威廉·麦卡利斯特（William Mcallister），前进保险公司的保单持有人，一起在配有舒适的椅子、一张桌子和两部电话的车中讨论索赔事宜。在两辆车被拖走前，埃哲就能为他的客户提供一份基于市场价格的索赔协议书。在这场事故中不承担任何责任的麦卡利斯特先生事后很惊讶地表示：“太棒了！他们这么快赶过来并处理事宜，我之前完全没有预料到。”

这种缩短的时间周期也为前进保险公司带来了优势：成本降低了，快速达到的和解协议使律师参与的可能性减少了，还能更容易地规避欺诈。与此同时，前进保险公司一直在寻找新手段来取悦顾客。它的网站 WWW. PROGREESSIVE. COM 一直被 Gomez. com（一家互联网评级公司）列为最杰出的保险服务网络供应商网站之一，其评价标准包括网站的教育能力、购买能力和服务能力。此外，前进保险公司在顾客友好性的创新和优质的顾客服务两个方面也能持续地为顾客带来惊喜。

【实训任务】

设计一份简单的调查问卷以评价构成顾客期望的关键要素（如理想服务、适当服务、预期服务和容忍区间）。请对10个以上的大学生超市顾客进行访谈以了解其期望的构成。根据你的发现为大学生超市提出建议。学生以四人一小组来完成实训任务，每位同学都必须参与访谈。

【实训步骤】

1. 分组，分成四人一组（男女不必分开）并选出一位组长

2. 回顾顾客期望管理和市场调查的相关知识

3. 小组成员根据相关知识共同设计调查问卷，并对 10 个以上的超市顾客进行问卷调查和访谈，收集顾客期望的相关数据和意见

4. 组长对组员收集的数据进行处理和分析，形成小组分析报告，对超市满足顾客期望的能力做出综合评价，提出改进建议

5. 完成并上交技能训练报告

实训报告格式

实训报告表

实训报告		
学号	姓名	时间
实训内容：	分数	
实训目的：		
实训步骤：		
实训总结：		
实训建议：		

【相关知识】

（一）服务期望

顾客会评估与服务相关的属性和风险。在这一过程中，他们表现出对所选择的服务的期望。如果这些期望与在选择过程中非常重要的服务属性密切相连，那么它们可能会无法改变。例如，当一位乘客为了节省 4 个小时，而选择支付 350 美元的直航航班，那么他恐怕很难容忍 6 个小时的飞机延误。同样，当顾客为一次高质量的服务支出额外费用时，他会有很高的期望值，而一旦服务失败，将会令他非常失望。

期望形成于信息搜索与决策过程中，并且依时而定。例如，相比服务非高峰时段，人们在高峰时段对服务传递时间的期望会较低。期望会因时而变，同样也会受到服务提供者所控制的一些因素的影响，例如：广告、定价、新技术或服务创新等。社会潮流如使用互联网也可以改变顾客的服务期望。例如，关注健康的顾客能够更好地获得信息，

并且希望能够经常参与到有关医疗方案的决策过程中。

顾客期望包括哪些内容？影响顾客期望的因素包括渴望的服务、适当的服务、预期的服务和容忍区间，如图 2－1 所示。

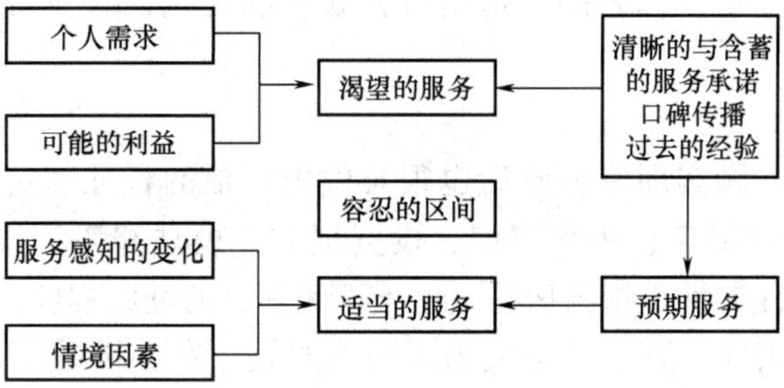

图 2－1　影响服务过程中顾客期望的因素

1. 渴望的服务

渴望的服务就是期待的服务水平。顾客希望所得到的服务是建立在其个人需求以及可得到的基础之上的。渴望的服务还受到来自服务提供者清晰或含蓄的承诺、口碑传播以及过去经验的影响。然而，它不可能总是处于服务的“期待”水平，大多数顾客是现实的。因此，他们也有一个最低的期望水平，被称为适当的服务水平和预期的服务水平。

2. 适当的服务

指顾客不会产生不满情绪的可接受的最低水平的服务。

3. 预期的服务

顾客实际估计到的服务水平。预期的服务也可以被服务承诺、口碑传播以及过去的经验影响。顾客所估计的预期服务水平会影响到对适当的服务水平的界定。顾客所预期的服务水平越高，那么适当服务的水平也会相应地提高。

4. 容忍的区间

顾客愿意接受的服务变化的程度。在同一家公司，所有员工也很难提供一致的服务传递。即使同一位员工，在不同的时间所提供的服务传递也很难完全一致。这就形成了一个服务变化区间，在这个区间内，顾客不会特别在意服务表现的细微变化。如果容忍区间相对狭窄，例如，在研究北塞浦路斯（位于地中海东部）的四星级、五星级或度假酒店的客人时，关注服务传递的质量是重要的。当服务产品的替代对象少时，顾客的容忍区间相对较宽；当服务产品的替代对象多时，顾客的容忍区间相对较窄。

（二）服务属性

大多数服务在购买前是很难被评估的，这是由服务属性所决定的。许多商品和部分服务具有高度的搜索属性，更多的复杂商品和大多数服务则具有高度的经验属性，还有一些服务具有高度的信任属性。

1. 搜索属性

搜索属性是指那些有助于顾客在购买前做出评估的有形特征，比如：款式、颜色、质地和声音等。搜索属性在很多环境中都有所体现。比如，在你走进一家餐馆之前，你会通过食物的种类、地点和停车位等因素对其进行评价。

2. 经验属性

经验属性是指那些顾客无法在购买前做出评估的特征。顾客必须经过体验才能感受到他们从中获得什么。度假、现场直播的娱乐活动、体育赛事等都具有这样的特征。比如，只有在餐馆用餐之后，你才能知道是否喜欢它的菜色，服务员的服务水平如何，当晚用餐的氛围如何。

3. 信任属性

信任属性是指那些顾客即使消费后也很难做出评估的特征，它们通常与实际获得的利益相关。顾问、医疗服务、法律咨询、投资理财、规划和咨询服务具有这样的属性。比如，在餐厅中，信任属性是指厨房的卫生条件和食材的健康程度。

评估不同的竞争者时，顾客总会试图评估不同服务在关键维度（或服务属性）上的表现，并选择最能满足需求的那个。因此，对服务企业而言，了解其目标顾客最关注的属性，并以最佳表现传递服务、传播服务，就显得尤其重要。对那些具有高信任质量和高顾客涉入度的服务而言，企业应当关注那些关键的维度，并提供关于服务表现的有形信息以吸引顾客。当服务具有顾客低涉入度时，企业应当更多关注情感吸引以及服务体验以吸引顾客。

（三）感知风险

由于服务需要更多的体验，并且其中包含大量的信任属性，因此，顾客很难在购买前对其进行评价，特别是那些第一次接触某项服务的顾客，对于是否会满意这项服务可能面临着更大的不确定性。回想一下当你第一次不得不选择某项陌生的服务，特别是那些可能导致严重后果的服务时自己的心态。这时的感知风险会随着发生负面后果的可能性的增加而增加。

1. 购买与使用服务过程中的感知风险

我们在购买与使用服务过程中感知风险主要包括以下几类：功能风险、财务风险、时间风险、人身风险、心理风险、社会风险和知觉风险（表 2－2）。

表 2－2　　购买与使用服务过程中的感知风险

风险类别	顾客关注举例
功能风险（对于服务表现不满）	这一培训课程是否教给我很多技能，从而帮助我找到一份更好的工作？无论在何时何地我想购物时，信用卡是否都可以使用？这家干洗店是否能洗掉夹克上的污点？
财务风险（财产损失、无法预知的支出）	如果听从股票经纪人的投资建议，是否会给我带来损失？如果我在网上购物，是否会使我的个人信息被盗？如果我继续度假，是否会使开销大大超出预算？修车是否会超出我原先的预算？
时间风险（时间的浪费、延误带来的损失）	在观看展览前，我是否需要排除等候？餐厅服务是否非常缓慢以致耽误我下午的会议？浴室翻修是否可以在我的朋友搬进来住之前完成？
人身风险（人身伤害、私人财产的损失）	在这一旅游胜地滑雪我是否会受伤？邮寄包裹中的东西是否会损坏？假期出国旅游时我是否会生病？

续表

风险类别	顾客关注举例
心理风险（个人恐惧、情感影响）	我如何确定这架飞机不会失事？这位咨询顾问是否让我感觉自己很愚蠢？医生的诊断是否会令我失望？
社会风险（他人如何看待和反应）	如果我的朋友知道我住在这样的廉价汽车旅馆，会如何看待我？亲戚们是否认同我为家庭聚餐选择的餐厅？同事是否会不赞成我选择了一家不知名的律师事务所？
知觉风险（给感官带来的负面效应）	从餐桌边我是否能看到停车场而非海滩？酒店的床是否很不舒服？夜晚我是否经常被隔壁客房的客人吵醒？客房里是否有一股难闻的烟味？

2. 顾客如何规避感知风险

顾客在购买前阶段，通常会因为感知风险而显得焦虑，因此需要借助一些方法来降低这些风险，这些方法包括：

从可信赖的群体中获取信息，如家庭、朋友或有学识的人；

利用互联网比较各种服务或浏览一些中肯的评论或排行榜；

信赖那些拥有良好声誉的企业；

寻求担保人和保证书；

在购买前，光顾该服务企业或进行体验，以寻求有形线索和外部展示，例如：设备的外形及其给人的视觉感受，或者该企业或员工所获的奖励；

向有经验的员工询问行业信息。

3. 企业降低顾客感知风险的方法

顾客不喜欢冒险，因此在其他方面相当的情况下，他会选择感知风险最低的服务。因此，企业需要有效运作以降低顾客的感知风险。可以通过以下方法：

（1）免费体验。通常适用于那些具有高经验属性的服务。

（2）广告。它向顾客展示特定产品或服务，并阐明其价值。广告能够帮助顾客了解有形产品为其带来的好处、使用的时机以及如何更好地使用和享受，从而刺激顾客对产品的认知、兴趣和偏好。保险公司可能会发现很难通过广告展现其产品，而苏黎世保险公司（Zurich）则用一个非常有趣的广告向顾客展现了其产品的功效。

（3）展示信任书。一些专业人员，如：医生、建筑师、律师，通常会使用这种方法，他们通常会展示以前的成功案例。

（4）使用线索管理。这是一种系统的方法，它将一系列有条理的企业有形线索展现给顾客，包括家具、陈设、设备以及员工的服装和行为。

（5）提供保证。包括退款保证和绩效保证。

（6）鼓励潜在顾客消费前光顾服务企业。

（7）通过网络提供给顾客关于订单及处理过程的信息。通常，物流公司会使用这种方式。

任务三　调查和评估大学生超市的服务环境

服务环境的设计是一项耗时耗力，可能还很耗费财力的艺术工作。服务环境即有形环境的风格和外在展现以及其他塑造消费者体验过程的要素。一般而言，服务环境主要有四个核心目的：①塑造顾客体验和顾客行为；②支持形象、定位和差异化；③价值主张的一部分；④便利服务接触与提高生产力。

【案例引导】

一位顾客开车去电影院看电影，从泊车到开车离开的整个过程中，不同环境要素将如何比顾客期望更好地或者更差地显现出来。表 2 – 3 将顾客感知的服务环境做了详细的描述。

表 2 – 3　　一次看电影的经历：顾客感知的服务环境

服务接触的步骤	服务环境设计	
	超出期望	低于期望
停车场泊车	靠近影院入口，空间宽阔，车位充足，并且有安全人员负责保护财物	停车场空间狭小，以至于顾客不得不将车停放在其他停车场
排队买票	如果可能的话，精细摆放即将上映影片的海报以及娱乐新闻，从而减弱顾客对长久等候的感知；上映影片及放映时间能够很容易被顾客看到；尚有余票的影片要清晰地传递给顾客	长长的队伍使排队等候时间过于漫长；很难快速看到在各个时间段将要放映的影片；对于中意的影片，不清楚是否还有余票
验票进场	装饰精美的大厅，并带有对影院及上映影片清晰的宣传材料，以增强顾客体验	大厅脏乱，缺乏甚至存在错误的影院内部指示信息
电影开始之前去卫生间	整洁、宽敞、明亮、地面干燥、卫生用具齐全、装饰精美、补妆镜明亮	肮脏，并有令人无法忍受的气味；设备损坏；没有擦手巾、洗手液或卫生纸；环境吵闹；补妆镜脏乱且满是灰尘
进入剧场找到自己的座位	整洁的剧场；设计精良且没有损坏的座椅；良好的照明以帮助你找到座位；宽敞舒适的座椅，并带有放置水杯和爆米花的杯托；适宜的温度	剧场内楼梯上堆有杂物，座椅破损，室内潮湿、阴暗、缺乏照明设备，出口指示信息不清
看电影	画面质量与音效系统上佳；观众全身心投入；整体上创造一个令人愉悦、难以忘怀的观影体验	电影音质效果及相应设备低下；由于没有禁止吸烟以及其他标识，观众吵闹且烟雾缭绕；总体给人一种混乱、厌烦的娱乐体验
离开影院回到车里	态度友好的工作人员欢送客人离开；出口指示清晰、便利；停车场安全；能够在明确的停车场标识指示下轻松找到自己的车	通过过道困难，因为观众需要挤过一个狭长的出口；由于没有或缺乏足够的照明设施而无法找到自己的车

一家服务企业越是能够形成与顾客一致的视觉感受、理解和体验，就越是能够意识到其环境设计中的问题，从而更好地改进。

【实训任务】

学生参照案例将超市购物的流程图画出来，然后对大学生超市的服务环境进行观察和评价，将每一步骤相关的环境用文字和照片记录下来，好的和不好的环境设计元素都拍下，并提出改善环境的具体建议。

【实训步骤】

1. 分组，分成四人一组（男女不必分开）并选出一位组长
2. 回顾顾客服务环境的相关知识
3. 小组成员共同讨论画出超市购物的流程图
4. 组长根据流程图对各步骤进行小组分工，每个小组成员都要承担 n 个步骤的观察和评价（要有相关的文字和照片），组长再根据小组成员提供的资料进行整理，形成大学生超市服务环境的整体评价，并提出改进建议
5. 完成并上交技能训练报告

实训报告格式

实训报告表

实训报告		
学号	姓名	时间
实训内容：		分数
实训目的：		
实训步骤：		
实训总结：		
实训建议：		

【相关知识】

（一）服务环境的维度

服务环境的主要维度，包括环境条件、空间或功能性、标识、符号和装饰品。环境条件或气氛由服务环境中的数百个设计元素和细节组成，这些元素和细节必须互相合作以创造出一个理想的服务环境。表 2－4 为一个零售店内所有的设计元素。

表 2－4　　零售店环境的设计元素

维度	设计元素	
外部设备	建筑风格 建筑高度 建筑规模 建筑颜色 外墙和外部标识 店面 字幕 草坪和花园	橱窗展示 入口 可视性 独特性 周围商店 周围地区 拥堵 停车和便利性
一般内部环境	地板和地毯 颜色 照明 香气 气味（例如烟味） 声音和音乐 固定装置 墙壁构成 墙壁装饰（粉刷、墙纸） 天花板	温度 干净程度 过道宽度 辅助设备 垂直交通 死角 商品布局和展示 价格水平和展示 收银设备摆放 科技、现代化
商店布局	为销售、商品、员工和顾客分配的空间区域 商品摆放 商品分类 工作站位置 设备摆放 收银设备摆放	等待区域 交通流 等待排队 家具 死角 商店选址 店内布置
内部展示	购买接触点展示 海报、标识和卡片 图片和艺术品 墙体装饰 主题设定 总效果	架子和箱子 产品展示 价格展示 切割盒子和倾倒垃圾箱
社交维度	员工个性 工作服 拥挤程度	顾客个性 隐私 自助服务

（二）服务的环境条件

环境条件包括照明和配色方案、味道或气味、诸如噪声或音乐一类的声音、大小和形状以及空气质量和温度等。所有这些因素都构成了有助于顾客整体服务体验的机械式线索。这些因素既可以被看作互相独立的，也可以被看作一个统一的整体。

1. 音乐

在服务场景中，即使音乐所扮演的角色仅仅是发出声音，它也能对感知和行为产生强烈的影响。音乐的组成元素包括被视为统一整体的节奏、音量及和弦。音乐对行为的影响因人而异。年轻人倾向于喜欢不同的音乐，因此对同段音乐来说，不同的人会产生不同的反应。研究发现，快节奏和高音量的音乐能够提高受众的唤醒水平。为了配合音乐的节奏，人们会在有意或无意间调整自己的进度。这就意味着，一方面餐馆能够通过提高音乐的节奏和音量来加速餐桌的周转，从而提供更多的餐饮服务；另一方面，餐馆也能通过慢节奏、音量柔和的音乐放慢顾客用餐的速度。事实上，慢节奏的音乐能够提高饮料销售的收入。放松的音乐能够缓解医院急诊室的紧张气氛。愉快的音乐甚至可以改善顾客对服务人员的看法和态度。

当你知道音乐也可以被用来阻拦错误类型的顾客时，你可能会感到惊讶？许多服务环境，包括地铁系统、超市和其他公共场所，都会吸引一些并非顾客的人群。伦敦地铁系统播放莫扎特和海顿的古典音乐来防止站在一旁无所事事或毁坏公共财物的行为。一位伦敦地铁的发言人称，莫扎特的音乐或帕瓦罗蒂的歌声是最有效的。心理学家认为陌生是迫使人们离开的一个关键因素。当人们不习惯于弦乐和木管乐器时，莫扎特的音乐就有效果了。

2. 气味

气味，或称为味道，遍布于整个环境之中。气味并不一定会被顾客察觉，并且不与任何特定产品相关。当我们饥饿难耐时，从远处的咖啡店飘出的新鲜出炉的牛角面包的诱人味道让我们领教了气味的力量。面包的香味让我们意识到自己的饥饿，并且指引着我们去寻找解决之道。气味能够对顾客的情绪、情感和评价，甚至是购买意向和店内的行为产生重要的影响。

研究表明，在服务场景中，气味能够对顾客的感知、态度和行为产生重要的影响。例如：当拉斯维加斯赌场弥漫着令人愉悦的人造香气时，赌徒们会向老虎机内增加投入45%以上的硬币。当气味的浓度增加时，赌徒的投入会上升到53%；当人们在一个充满花香的房间里试鞋的时候，人们的购买意愿会增强，并且愿意为其支付较高的价格——平均每双耐克鞋多付10.33美元。在非常淡薄以至于人们不能察觉到的情况下，气味也会产生相同的影响，此时气味是被顾客不自觉地感知到的。表2－5总结了选定的香水对人体产生的影响。

表2－5　　芳香疗法：选定的香水对人体产生的影响

香水	芳香型	芳香类	传统用法	对人体的潜在心理影响
桉树	樟脑	调和、刺激	除臭剂、防腐剂、舒缓剂	刺激和活力
薰衣草	草本	平静、平衡、镇静	肌肉松弛剂、舒缓剂、收敛剂	放松和平静
柠檬	柑橘	活力、振奋	防腐剂、舒缓剂	缓解能量水平
黑胡椒	辣	平衡、镇静	肌肉松弛剂、壮阳剂	平衡人体的情绪

3. 色彩

科学家将色彩定义为色调、明暗关系和色度。色调是色彩的颜色（如色彩的名称为红色、橘色、黄色、绿色、蓝色或紫色）。明暗关系是色彩的明暗程度。色度则是指色调的强度、饱和度或亮度。高色度的色彩具有高强度的色素沉着，看起来饱和且明亮。低色度的色彩则看起来比较暗淡。

色调分为暖色（红色、橘色和黄色）和冷色（蓝色和绿色）。橘色（红色和黄色的混合色）是色彩中最温暖的颜色，而蓝色则是最冷的颜色。人们可以运用这些色彩来调节环境中的温暖感。暖色可以带给人们愉悦的精神状态和唤醒，但也会增加焦虑感。冷色则能够降低唤醒水平，并且给人们带来宁静、冷静、爱和愉悦的情绪。有关服务环境的研究指出，尽管人与人之间存在不同的色彩偏好，但人们还是普遍能够被暖色的环境吸引。暖色有助于促使人们快速地做出决策。在服务场景中，暖色最适用于低卷入度的决策或冲动性购买，冷色则适合于当顾客需要时间进行高卷入度购买的情况。表2－6总结了与色彩有关的常见联系。

表2－6　　与色彩有关的常见联系及人们对色彩的反应

色彩	温暖感程度	象征符号	常见联系及人们对色彩的反应
红色	暖	地球	高能量和激情；能够激发和鼓舞情绪、表现和热情
橘色	最暖	日落	情绪、表达和热情
黄色	暖	太阳	乐观、清晰、智慧、情绪高昂
绿色	冷	生长、草、树木	培育、康复、无条件的爱
蓝色	最冷	天空和海洋	放松、宁静、忠诚
靛青	冷	日落	调和、灵性
紫色	冷	紫罗兰花	灵性、舒缓压力，能够创造内心的平静

4. 空间布局和功能

空间布局包括建筑平面图、家具的规格和形状、柜台、可能用到的机器和设备等物件及其摆放的方式。功能则是指通过上述的空间布局让服务表现更加简单的能力。空间布局和功能会影响用户友善及服务设施的能力。不合理的空间布局和功能不仅会影响服务运营的效率，还会直接影响顾客的服务体验。例如：咖啡厅的桌子摆放过于紧凑，银行柜台缺乏保密措施，剧院中不舒服的座椅以及缺乏停车空间等，都会给顾客留下不好的印象，从而影响顾客的购买行为和满意度。

空间布局和功能要传递其价值主张。例如：在一个以将人们聚集起来学习某些课程（如语言或占星术）为目的的社区中心里，为了便于学习，教室的设计可以采用U型或围绕桌子安排座位的方式。

5. 标识、符号与装饰品

在服务环境中将一些事物作为传递公司形象的信号，能够帮助顾客找到通向服务的途径（例如到达服务台、收银台或出口），并让顾客了解服务脚本（例如排队系统）。顾客首次会自动尝试从符号、标识和装饰品中获取信息，这些信息会指导他们体验服务环境与服务流程。

标识是可以用作标签的记号（例如暗示部门或者柜台的名称）、给予方向指引（例如入口、出口、电梯的位置以及卫生间等）、传递服务脚本（例如获取一个排队的号码，等候你的号码被叫到或者用餐后清理托盘）以及行为规则（例如在看演出时关闭或将你的手机调到静音模式，或者遵守禁烟的相关规定）。标识通常被用于在服务地点引导行为规范。一些标识很有趣，同时也很醒目，但也有一些标识需要人们花一点精力思考一下才能明白其含义。

设计者面临的挑战之一就是如何使用标识、符号和装饰品清晰地指导顾客完成服务传递过程。当有很多新顾客或者很少使用服务设备的顾客时，这一工作就显得非常重要。在自助式服务中这一点也很重要，特别是当指导顾客完成服务流程的服务人员很少时。在中国，符号和装饰品正在被越来越多地与风水联系起来，风水的要素包括建筑的内外部设计及内部装潢。风水试图创造各要素间的和谐，使人们对环境感到舒适，并为组织带来财富。

当顾客不能理解服务场景中的符号时，他们就会变得很困惑，最终可能会演变成愤怒和沮丧。想象一下当你上一次试图快速找到通往一家你并不熟悉的医院、购物中心或者机场的道路，却发现路标并不清晰时的感受。

6. 服务人员和顾客

人也是服务环境中的一部分。服务人员与顾客的外表与行为能够强化或者弱化服务环境所创造出的印象。有学者用“审美劳动力”来体现为顾客提供直接服务的员工的外在形象的重要性。例如：迪士尼主题公园的员工被称为角色成员。无论员工是扮演灰姑娘、七个小矮人中的一个，还是公园清洁工或巴斯光年的明日世界展台的管理员，这些角色成员都必须穿着相应的服装，以便看上去与他们的角色人物一致。一旦穿戴整齐，他们就要向游客“表演节目”了。

顾客不仅欣赏服务提供者所创造的环境，还会主动通过自己的外表和行为来改善服务环境。在餐厅与零售店，新顾客通常会在决定是否购买这里的服务前先看一看这里的现场顾客。设想你刚刚走进两家餐厅，它们是如何定位自己的？你期望获得什么样的晚餐体验？你用什么样的线索来做出判断？特别是当你观察现场顾客之后，你会得出什么样的推断？

7. 激怒顾客的环境因素

对于零售店或超市，激怒顾客的环境条件有（按照愤怒的消极程度与频率进行排序）：商店不够整洁；商店或超市里太热；商店的音乐太吵；商店的气味不好闻。激怒顾客的环境设计变量有：试衣间里没有镜子；无法找到你需要的东西；商店里的指引牌不够多；商店货物的摆放发生变化；商店太小；在大型超市中找不到路。

（三）改善服务环境的工具

作为一名管理者，你应如何判断服务场景中的哪一部分会引起顾客不满，以及哪些会让顾客喜欢呢？你可以使用的工具有以下几种。

1. 观察

仔细观察顾客的行为，以及管理者、监督者或一线员工对服务环境的反应。

2. 调查

从一线员工和顾客处得到反馈和建议，可使用的研究工具包括抱怨和表扬分析、焦点座谈会以及问卷调查（如果这种调查是关于服务环境设计的，那么这种调查称为环境调查）。

3. 录像监控

通过监控器将顾客的服务体验录制下来。这些录制的内容可以作为稍后进一步针对顾客体验开展访谈的基础，或者作为服务体验调研的一部分。

4. 实验法

实验法可以被用于控制环境中的特殊维度，并观察其效果。例如，研究人员可以试验多种音乐和气味，以衡量顾客在相应环境中的停留时间和支付的服务费用。实验室试验可以使用录制的片段或录像，或者通过其他方法创造真实世界的服务环境（例如网络虚拟旅游），以测验设计因素变化所带来的影响。这些方法通常在对真实环境中的要素不能控制的情况下使用。对颜色搭配、空间布局或家具风格的比较就可以使用这一方法。

5. 服务的蓝图描绘

服务蓝图是一种重要的设计新服务（或对现有服务再设计）的工具，是更为复杂的流程图。流程图描述的是现有流程，通常形式比较简单。服务蓝图则呈现出更多关于服务流程如何构建的细节，用于描绘服务的流程、顺序、关系和依赖性。发展服务蓝图时，一要辨别涉及创造和传递服务的所有关键行为；二要识别这些行为间的联系。这里首先，最好对这些行为进行全盘考虑。然后，你可以通过进一步的挖掘来获得更多的细节信息。以航空服务为例，乘客的登机过程实际上包含一系列行为，并且可以被分割为具体的步骤，例如，坐在候机厅等候登机广播，向工作人员出示登机牌，走过登机通道，进入机舱，由乘务人员核准身份，寻找座位，放置随身行李，在座位上就座。

将顾客参与的服务传递过程中的每一步中所包含的设计要素记录下来，将照片或者录像等附加在服务蓝图之中，使其更加清晰。

项目三　人员招聘、签约与工资核算

【知识目标】

强化企业人员招聘方面的相关知识、劳动合同管理方面的知识和员工工资核算方面的知识。

【能力目标】

能够设计并组织人员招聘工作；能够与员工商谈劳动合同的内容并掌握劳动合同管理的过程；能够掌握员工工资核算方法并清楚如何了解自己将来作为员工时的工资。

无论是小企业，还是大企业；无论企业是刚刚成立，还是有很久的历史，都是需要人事事务操作的，这也是人力资源管理的基础。而一个从事人力资源管理的人，若不会操作或者操作不规范，就是不胜任工作的表现。轻者，失去工作机会主义；重者，可能使企业陷入劳动争议而付出高额的代价。因此，学会并熟练掌握人事事务操作，对人力资源管理者而言，是非常重要的。

在项目二中，我们对大学生超市的经营进行了评价，发现了超市经营方面存在的一些问题。其中有些问题可能跟人力资源有关，我们可能会想到招聘几个能够解决这些问题的人才，那么如何招聘、如何在合同中约定他们的义务和权利、如何核算他们的工资？我们就要先学习相关知识再练习。

任务一　人员招聘

招聘工作，就是把“合适的人”招聘进来，匹配到“合适的岗位”上，使其能够满足企业对这个岗位需要做出的业绩的标准要求。但是，在社会上，完全匹配企业标准的人是不存在的。人力资源管理只能把与“标准”相符程度达到80%以上的招募进来，用企业自身独特的人力资源管理系统及企业文化将其打造成接近企业“标准”的人。这种做法，能给企业赢得将大量的人才“掠夺”到位的时间，是企业抢先一步占领市场的战略得以实现的先决条件之一。

【案例引导】

1. A公司招聘信息

公司简介：上海××管业有限公司坐落于××经济开发区××工业园区，是一家专业研制、生产三型聚丙烯PP-R管，PE-RT地暖专用管，铝塑PAP管，HDPD给水管，硬聚氯乙烯PVC-U给、排水管材的公司。本公司以先进的生产设备、齐全的检测手段、雄厚的技术力量、科学完善的管理体系、优质的进口原料，生产“××”牌系列产品。

公司全面通过ISO 9001—2000国际质量管理体系认证，所生产的一系列产品均达到国家化学建材测试中心和中国预防医学环卫所检测标准。公司所生产的塑料管材管件系列被指定为“国家康居示范工程”选用产品，公司是上海塑料管材制造行业龙头企业、高新技术企业，荣获“上海名牌”“上海十大畅销品牌”“上海行业领军金奖”等荣誉称号。

“××五洲，××四海”是××人的博大胸怀，××牌产品的质量是赢得市场的根基和保障。公司坚持将高质量的产品、优越的服务、优惠的价格奉献给客户。××管业愿与社会各界携手并进、共同发展、共创管理行业的辉煌。

上海××管业有限公司××分公司

地址：××市××路××商务大厦×楼×室

电话：××××××××××××（×××）　　传真：×××××××××××××

网址：WWW.××××××.COM　　邮箱：××××××××@163.com

职位标签：渠道销售　直销销售　业务员　销售员　业务代表　区域主管

职位职能：销售代表

职位描述：

待遇：底薪+补助+提成=3000~5000元/月，另有多重高额奖励机制（业绩奖、勤劳奖、诚信奖、优秀奖、贡献奖和年终奖），每年4次评级晋升加薪机会，欢迎勇于挑战的精英加入！

任职要求：

1. 一年以上工作经验，高中以上学历，20周岁以上；
2. 敬业、勤奋，热爱销售工作，勇于挑战自我；
3. 语言表达能力强、思维敏捷、性格开朗活泼；
4. 能适应省内出差，有一定的承压能力；
5. 有销售工作经验者优先，欢迎优秀应届毕业生加入。

2. B公司招聘信息

公司简介：深圳××眼镜制造厂是一家集设计、制造、生产、销售为一体的专业眼镜制造公司，主营高档光学眼镜架和太阳眼镜，产品远销于国内外。

本公司环境优美，待遇优厚。

职位职能：店员/营业员

职位描述：

1. 年龄在30周岁以下，五官端正，形象气质佳；
2. 性格外向，沟通能力强，机灵敏捷，有团队精神；
3. 热爱销售事业，勤劳诚恳，责任心及学习能力强；
4. 有眼镜连锁店工作经验，有验光师资格证者优先。

待遇：底薪+提成。

问题：比较两家公司的招聘信息，哪一家公司的招聘信息更容易吸引应聘者？

【实训任务】

以大学生超市某一岗位需求为出发点，填写招聘需求申请表，拟定招聘信息（广告）

并注明选择的发布形式，筛选简历并填写简历筛选结果表（每位同学根据其他同学的招聘信息填写简历并投递），以小组为单位拟定面试方案并填写面试通知单，填写面试评价记录表，填写录用通知书。

【实训步骤】

1. 分组，分成四人一组（男女不必分开）并选出一位组长
2. 回顾人员招聘的相关知识
3. 小组成员共同讨论选择超市某一岗位，填写招聘需求申请表，制定招聘广告
4. 每个小组成员都要选择其他小组发布的招聘需求中的某一岗位制作一份应聘简历，交给相应小组的组长
5. 组长召集组员对收集到的简历进行选择并填写简历筛选结果表，选择两位岗位候选人进入面试，拟定面试方案并填写面试通知单
6. 组长组织面试，成员要进行分工，分别扮演人力资源部和用人部门主管的角色参与面试，填写面试评价记录表，确定岗位试用人选，填写录用通知书
7. 完成并上交技能训练报告

实训报告格式

实训报告表

实训报告		
学号	姓名	时间
实训内容：	分数	
实训目的：		
实训步骤：		
实训总结：		
实训建议：		

【相关知识】

（一）招聘工作流程

招聘工作的流程如图 3 – 1 所示。

其中准备工作包括：招聘需求产生与确认，空缺岗位工作分析，制作招聘广告。制作后的招聘广告借助网络、招聘会、报纸等媒介发布出去。然后收集简历，对简历进行初步筛选之后可借助心理测验、面试、工作样本测试等方法对求职者进行筛选，从而选出合适的人员。接着对其发布录用通知，尔后开展岗前培训，试用期考核后员工正式上岗，最后对本次招聘工作开展评估总结，进而结束工作。

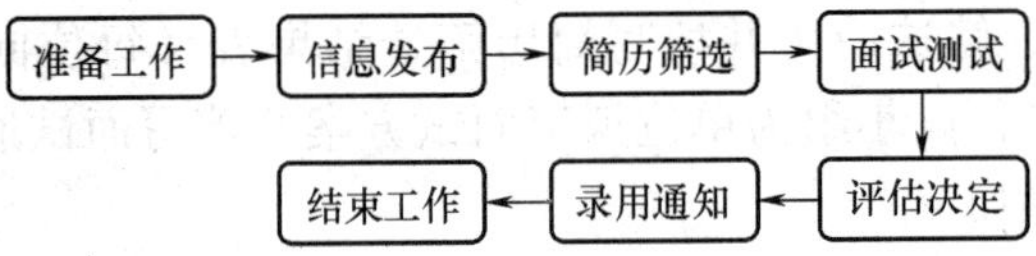

图 3－1　招聘工作流程

（二）招聘需求的产生和确认

招聘需求源自企业调整或劳动关系的变化。

在企业人力资源部及人力资源管理者还无法独立全面判断企业招聘需求的时候，招聘需求大多数是由业务部门主管（或经理）提出，或者是由企业高层决策者（包括老板）提出。所以，对于招聘需求的确认有两种形式。一种是企业已经制定了“定岗定员标准”进行对比，在“定岗定员标准”的计划之内的，则实施招聘工作；不在“定岗定员标准”计划之内的，则说明有可能企业经营活动有变化，需要重新上报企业高层进行审批，获得批准之后，才能实施招聘。另一种是企业没有制定“定岗定员标准”，当提出招聘需求之后，人力资源部无法确认是否需要实施招聘，而需要直接上报企业高层，由他们确认是否需要实施招聘。这种情况的确认方法，在企业初创期和小型规模企业中经常使用。人力资源部需要填写相关表单，以作备案。表 3－1 为招聘需求申请表。

表 3－1　　　　招聘需求申请表

填表日期：　　　年　月　　日

<table>
<tr><td>申请部门</td><td></td><td>缺员岗位</td><td></td><td>需求人数</td><td></td></tr>
<tr><td>申请理由</td><td>□扩大编制
□储备人力</td><td>□辞职补充
□短期需要</td><td></td><td>期望报到日期</td><td>年　月　日</td></tr>
<tr><td>新增人员
工作内容</td><td colspan="5"></td></tr>
<tr><td rowspan="8">应具资格条件</td><td colspan="3">性别：□男　□女　□不限</td><td colspan="2">年龄：　岁至　岁</td></tr>
<tr><td colspan="3">婚姻：□已婚　□未婚　□不限</td><td colspan="2">户籍：□外地　□本地　□不限</td></tr>
<tr><td colspan="5">学历：□技校　□高中　□大专　□本科　□研究生　□不限</td></tr>
<tr><td colspan="5">专业：</td></tr>
<tr><td colspan="5">外语：　□英语：□无需要　□一般　□熟练　□精通　□其他语种：</td></tr>
<tr><td colspan="5">个性：</td></tr>
<tr><td colspan="5">经历：</td></tr>
<tr><td colspan="5">技能：</td></tr>
<tr><td rowspan="2">审批记录</td><td colspan="5">人力资源部意见：
签字：　　　　年　月　日</td></tr>
<tr><td colspan="5">总经理意见：

签字：　　　　年　月　日</td></tr>
</table>

（三）招聘信息的内容

一般来说，一份完整的招聘广告包含标题、公司简介、招聘职位描述、联系方式四部分。不同企业可根据实际情况添加相关内容。具体介绍如下。

1. 公司简介

公司简介一般包括：公司名称、成立时间、现有规模、主要经营范围、地理位置、主要产品及技术领先程度、客户信誉、获得荣誉、拥有人才及公司未来发展定位，等等。

如果是刚成立的公司，则需要侧重描述公司以什么企业为标杆及未来发展定位。例如：刚成立的软件开发公司没有任何社会知名度，此时，可以对企业以什么为标杆和未来发展定位进行简单的描述。但是要注意，别夸大其辞。

如果是一个很有知名度的企业，那么公司简介可以写得少一些，甚至只写公司名称即可。例如，IBM 招聘、阿里巴巴招聘，等等。因为它们的社会知名度很高，应聘者很容易知道这些企业的各种相关信息。

2. 岗位名称

岗位名称的定位由企业岗位设置而来，一般采用社会通用名称。如果是因企业特色而设置的岗位，其名称也需要用大家能够理解的说法来描述。以人力资源部为例，岗位名称就有：人力资源总监、人力资源经理、人力资源主管、招聘经理、劳动关系专员、人事助理，等等。

3. 工作内容

工作内容是指该岗位需要承担的工作和担当的职责，它因企业的组织机构和规模大小而不同。例如，同样是人力资源部经理，在不同规模的企业内，其工作内容就不相同。大型集团的人力资源部经理的工作包括：组织规划、薪资福利、绩效考核、培训与发展、企业文化和上级交办的其他工作。小型公司的人力资源部经理的工作就具体很多，包括：工作流程制定、招聘计划、培训计划、激励计划等的制定和监督。

在实践工作中，有些招聘信息对工作内容的描述过于简单，例如某公司关于人事经理的工作内容描述是："全面负责公司总部及其分支机构的人力资源所有工作，包含人力资源规划、招聘、培训、薪酬绩效、员工关系等模块"。这样写倒也没错，但是这样的工作内容描述基本上等于没说。

4. 任职条件

任职条件一般会有这些内容的描述：年龄、工作时间、工作经历、工作行业背景、工作岗位、学历、专业、专业证书（包括技术能力证书）、某方面技能、已有的薪资水平、性格等。但不可以出现歧视性的语言信息，例如：性别、健康、民族、地域等方面的歧视。

5. 待遇福利

关于薪资待遇，一般只写一个大概数。是否在招聘信息中写明薪资待遇，要看企业的定位以及薪资待遇是否有竞争力。假如企业处于初创期，启动"领先型"的高薪策略，抱有对人才势在必得的目标，那么，写明薪资，可以吸引应聘者的眼球，也很容易使招聘成功。假如企业处于初创期，薪资策略是"跟随型"的，那么，写明薪资，就不见得有效了，不如不写。

除了薪资待遇，有的企业把参加社会保险和缴纳住房公积金也写入招聘信息内。其实，这个可以不写。因为参加社会保险和缴纳住房公积金是国家强制性的规定，企业只有执行的义务，而无选择的权利，即使不写，也是要尽义务的。

企业福利是吸引应聘者的一种“筹码”，在某种程度上反映了企业的效益好坏以及企业经营能力的强弱。所以，优厚的福利才具有吸引力，写入招聘信息中才有作用；而最基本的福利，例如“提供午餐和通勤车”，就不那么具有吸引力了，可写可不写。

6. 联系方式

联系方式能方便应聘者找到企业，进行相关的应聘活动。一般的联系方式会提供：简历投递邮箱、公司网址、总机电话及公司经营地址。

7. 交通提示

交通提示在应聘者前来面试的时候使用，一般会提示公司附近有什么公共交通设施。例如：坐几路公交车在哪一站下车、乘几号线地铁在哪一站哪个出口出来，等等。

（四）简历筛选

招聘信息发布之后，会收到很多简历。如何筛选简历？可以用“二看一分类”办法处理。

1. “一看”应聘者的基本信息

应聘者的基本信息是：姓名、性别、出生年月、身高、体重、视力、健康状况、政治身份、学历、学位、毕业学校、所学专业、培训记录、特长、个人联系方式，等等。要从应聘者的个人基本信息中读出“符合企业用人标准的基本条件要求”。

2. “二看”应聘者的外在条件

应聘者的外在条件是：工作年限、工作经历、从事工种或岗位、担当责任、工作业绩、社会活动，等等。从应聘者的外在条件中要读出“符合企业用人标准的任职条件要求”。

3. 简历分类

读取应聘者的简历信息之后，按照是否符合企业用人要求进行分类，得出结果。

由于“二看一分类”的简历筛选方法存在大量的、重复性工作，又是简单的或是或非判断性操作，因此，很多大型企业都利用人力资源管理软件中的“简历筛选”功能，由电脑自动操作完成这一筛选工作，节省了大量的人力和时间。这就是有些企业不接收邮寄简历或邮件简历，而只接收该企业设置的电子版格式化简历的道理所在。而对于小企业，用手工分拣简历的办法还是占多数。人力资源管理者可以通过简历筛选结果表的填写进行筛选，如表 3 - 2 所示。

表 3 - 2　　简历筛选结果表

序号	姓名	应聘岗位	年龄	学历	专业	工作年限	原岗位	工作业绩	相关培训	职业资格	筛选结论
1											
2											
3											
小结	本次招聘共收到简历______份，符合条件的______份，不符合条件的______份										
经办填表人签名：__________								填表日期：______年____月____日			

注：符合条件的填写“√”，不符合的填写“×”；应聘者简历详细内容附后。

这份简历筛选结果表需要整理保存，方便以后复查简历时使用。因为有时候找到完全不符合企业要求的应聘者很难，遇到这种情况，就可以在结论是“不符合”的一类中找出“比较符合”的人，招聘工作就容易很多。

录用比例：一般岗位采用单一的“3∶1～6∶1”的方法，对于中层及以上管理岗位或者专业技术岗位的录用比例，一般采用复合型的“3∶1”。

（五）面试和测试

企业要想筛选出合适的员工，除了应该按照一定程序对应聘人员进行筛选外，更重要的是在筛选的过程中采用科学的方法。现代企业在人员筛选过程所使用的方法很多，包括笔试、面试、各种心理测验、工作样本测试、评价中心等。企业可根据筛选人员的职位高低、部门、各种方法的优缺点选择合适的方法组合。下面主要介绍常用的面试操作流程。

1. 制定面试工作计划

面试工作进行得好与坏，取决于面试工作计划是否完善，及面试准备工作是否充分。面试工作计划的内容包括：面试通知、面试和测试内容设计、设计对面试官的要求、面试接待、组织面试、面试记录和面试评估。

2. 面试通知

面试通知的内容要完整、清晰、准确，如表 3－3 所示。面试通知一定要与应聘者确认收到。

表 3－3　　面试通知单

面试通知单

__________先生/女士：

根据我公司的需要及您的应聘请求，现请您参加本公司的面试。具体安排如下：

（1）面试时间：_______月_______日_______点_______分。

（2）面试地点：本公司人力资源部（请参照本页背面的交通指示图）

（3）面试要求：需要携带相关资料——身份证、学历学位证、离职证明、技能证书等原件，笔及其他必备品。

（4）联系人：×××　　　　　　　　联系电话：××××××××

如因故不能按时到达或者不能参加面试，请您提前与本公司人力资源部联系，否则视为自动放弃。

此致

敬礼！

公司名称（公章）

人力资源部

_____年___月___日

3. 安排面试官

在鉴定应聘者能力的时候，要由各部门熟悉缺员岗位工作内容及其工作职责的人（或部门经理，或专业技术人员）担当面试官。由于这些部门经理或技术人员本身都承担一定的工作，平时很繁忙，因此人力资源管理者需要提前通知他们担当面试官的任务及面试时需要注意的问题。面试注意事项如表 3－4 所示。

表 3-4　　　　　　　　　　面试官面试注意事项

<table><tr><td>

面试官面试注意事项

为规范招聘面试过程中各个面试官的言行，以弥补人力资源部不懂专业技术及用人部门不懂人事政策等缺陷，从而更好地招聘到公司需要的人才，特制定本注意事项。

一、面试官面试前准备工作

1. 面试官自身形象（着装、仪态）符合职业及公司规定；

2. 打印应聘者简历，并根据招聘岗位的任职要求仔细阅览，发现符合点、不足点及提问点；

3. 准备好面试资料：应聘登记表、口试提问提纲、笔试卷、面试记录表、记录本及笔；

4. 了解面试官的权限及公司对招聘岗位的规定（责任、义务、权利及薪资范围）；

5. 落实面试时间、面试场地及相关接待人员等。

二、面试官实施面试工作流程

1. 迎接：见到应聘者，应使用必要的礼貌礼仪，引领就座，必要时送上茶水；

2. 准备：简单交代面试流程后，请应聘者递交相关资料（身份证、学历学位证等），核实其身份并对比应聘登记表上的内容；

3. 面试：先口试，后笔试；

4. 回答：回答应聘者提问，可告知何时有面试结果的通知（无论是否录用）；

5. 送客：简单的感谢词，道别，送应聘者出门；

6. 整理资料：收集面试记录，整理记录信息，写出面试评语及初步判断；

7. 沟通汇报：将面试情况与人力资源部（或有关部门）进行沟通，商讨是否组织第二次面试（复试），或向上级管理者汇报。

三、面试官口试提问的内容

1. 可以提问的问题内容

（1）应聘者的基本情况（学校、学历、专业、成绩、毕业时间、奖学金等在校情况，家庭情况，业余爱好及参加活动情况，身体健康状况，上下班交通路途情况等）；

（2）应聘者过去的工作经历、经验和成果；

（3）应聘者对成功结果做过哪些努力；

（4）应聘者对曾经失败的事情有何认识；

（5）应聘者对即将从事的工作做何准备；

（6）应聘者的知识、技能及特长；

（7）应聘者对薪资福利待遇的意向；

（8）应聘者的敬业态度；

（9）应聘者的诚信问题；

（10）应聘者的利益得失意识。

2. 不能提问的问题

（1）应聘者的其他情况（经济收入、资产、怀孕、残疾问题等）；

（2）应聘者的隐私；

（3）超出招聘范围的信息。

四、面试官可以回答的问题

1. 公司简介（不虚构事实地简单介绍公司发展、产品、规模及管理方式）；

2. 产品描述（在避开技术保密的基础上介绍）；

3. 该岗位的责任、义务及权利（参照“岗位说明书”）；

4. 上下班时间等。

五、面试官需要慎重考虑后回答的问题

1. 薪资福利方面：重点在采集应聘者的期望值及理由，避免做出公司立场的承诺或约定；

</td></tr></table>

续表

2. 社保及公积金方面：重点在了解应聘者过去的待遇，避免做出公司立场的承诺或约定； 3. 假期及工资计算方面：统一由人事部解释，面试时暂不作回答； 4. 应聘者提出个别要求：只做记录，不作正面回应。 六、面试官应掌握的分寸 1. 态度：亲切热情，保持中立； 2. 权限：遇到非专业的或权限外的问题，做记录或回避口述； 3. 应变：随机应变，没有固定模式。

4. 设计面试和测试内容

判断一个人是否具备胜任工作应具有的能力，可以从掌握知识、掌握技能、做事思路或风格、个人得失的价值观、性格以及体能这几个方面进行评价。面试和测试内容的设计也是围绕这几个方面展开的。

面试和测试内容是因岗位工作内容和职责不同而不同的，行业不同、企业不同、岗位不同，则面试和测试内容也都不同。一般来说，面试和测试内容是由企业人力资源部组织企业有关专家，根据岗位工作内容和工作职责的要求一起设计的，而不是照抄别的企业的面试题或测试题。

5. 安排面试场地与面试接待

面试场地一般选择小型会议室，会议室需要干净、整洁、安静，周围无干扰。

面试接待工作一般由企业的前台与人力资源部的人员负责，无论应聘者个人职位高低，接待人员都要按照规范的礼仪进行接待，不可以貌取人、以着装取人。

6. 准备面试需要的资料

将面试需要的资料准备齐全，是面试效果达标的前提。一般需要准备的资料如下：

（1）应聘者填写的应聘登记表。

（2）企业的岗位说明书及相关管理规定。

（3）面试题目。

（4）考试试卷。

（5）实用技能测验项目。

（6）面试记录及面试结论表。

负责面试工作的人力资源部人员要清楚影响面试成败的因素有：面试官、面试流程、面试内容、面试接待和面试场地。

（六）应聘者能力评估

当面试和测试工作结束之后，需要对应聘者的能力进行评估。这个能力评估不能只停留在口头，而需要进行书面评价和记录。人力资源部应该提供给面试官对应聘者进行评价和记录的相关表单，请面试官将面试情况及面试得到的初步结论填入表3－5。

表 3－5　　面试评价记录表

填表日期：

应聘者姓名			应聘部门		应聘岗位	
初试评价记录						
评价项目	评价记录				面试官（人事）评价	面试官（部门）评价
	A	B	C	D		
教育背景	佳	较好	一般	较差		
专业相关性	匹配	较匹配	相关	无关		
业务能力	很强	较强	一般	较差		
工作经历	吻合	较吻合	相关	无关		
学习能力	很强	较强	一般	较差		
形象谈吐	佳	较好	一般	较差		
英语水平	六级以上	六级	四级	四级以下		
理解能力	很强	较强	一般	较差		
反应能力	敏锐	灵活	正常	迟钝		
承受能力	很强	较强	一般	较差		
领导潜力	很强	较强	一般	较差		
合作能力	很强	较强	一般	较差		
价值观	吻合	较吻合	认同	抵触		
总体评价结论	意见： 结论：□建议试用　□建议复试　□不予考虑 面试官（部门）签名：					
	意见： 结论：□建议试用　□建议复试　□不予考虑 面试官（人事）签名：					
复试评价记录						
评价意见	意见： 结论：□建议试用　□建议备用　□不予考虑 面试官签名：					

注：笔试试卷和测试试卷附后。

（七）录用

1. 录用通知书的内容

录用通知书的内容因企业的需要而定，一般内容及其格式如表 3－6 所示。

表 3－6　　　　　　　　　　　　　　　　录用通知书

录用通知书

＿＿＿＿＿＿先生/女士：

您应聘本公司＿＿＿＿＿部＿＿＿＿＿＿职位，经面试合格，恭喜您成为本公司的一员。请您于＿＿＿＿年＿＿＿月＿＿＿日＿＿＿＿时，携带下列资料，准时到本公司人力资源部报到。

1. 身份证；
2. 毕业证书；
3. 学位证书；
4. 职称资格证书；
5. 离职证明书；
6. 劳动手册（上海市居民使用）；
7. 体检报告（县级以上医院，一个月内）；
8. 一寸免冠彩色照片 4 张；
9. 银行活期储蓄卡；
10. 社保及公积金转出手续单；
11. 提供公积金个人账户号码；
12. 与原公司的相关培训服务协议、竞业限制协议、保密协议等相关情况说明。

依本公司相关管理规定及面试时双方协商结果，该岗位的新进员工试用期为＿＿个月（合同期为＿＿年），试用期工资为人民币＿＿＿＿。试用考核合格后转正为正式员工，转正工资为人民币＿＿＿＿＿＿。劳动合同在报到时由双方共同协商签署。

就本通知书内容，您接受与否？请于今明两天内，正式回复本公司。逾期不回复的，本公司作自动放弃处理。

请注意报到日期，如有疑问，请及时与我公司人力资源部联系。逾期不能报到的，本公司作自动放弃处理。

祝您在本公司工作愉快！

公司名称（公章）
人力资源部
年　　月　　日

录用通知书是具有法律效力的文件，某种程度上讲，与劳动合同有着同等法律效力的作用。因此，人力资源管理者在填写录用通知书前，对其中的内容请务必在自己的权限范围内填写，或者在征得企业高层（总经理或老板）的同意后再填写。

注意：录用通知书中是否填写薪资待遇，由企业决定。一般而言，企业能够讲诚信的，经济效益尚好的，可以如实填写。而企业变化无常，经常修改决定的，经济效益又不太好的，还是不写为好。因为，写了就要兑现。

对于应聘者而言，是很乐意接受一份如实写明薪资待遇的录用通知书的。这也是企业能够招聘成功的条件之一。

2. 录用通知书的发放

面试应聘者时，应该已经获悉应聘者是离职状态，还是在职状态（注意，这个信息必须要获得，一般应聘者也会如实说的）。对于这两种状态，录用通知书发放的时间和方式是不同的。因为，一个在职劳动者是不能同时与另一家用人单位建立劳动关系的，而且，原用人单位大多数是不愿意接受其他单位录用本单位员工的，有时候甚至会阻挠而导致录用失败。（上述录用通知书仅适合于已经离职的人员）

3. 应聘者逾期未作回应（或逾期不报到）的处理

一般企业在决定录用应聘者的时候，是在做“三选一”或“二选一”的选择。当决定发放录用通知书的时候，势必有“不录用者”接不到录用通知书。所以，为防止应聘者突然改变原来与本企业面试时候达到的“口头约定”，可以设置限期回复和限期报到等条件。这样，若超过两天还没有回复的，或者逾期没有报到的，企业就可以及时调整录用通知（或报到通知），通知另一位应聘者。

4. 防止企业将录用通知书作废处理

对于人力资源管理者来讲，比较尴尬的一种情况是，企业单方做出出尔反尔的决定。例如，录用通知书已经发出去了，企业老板却说："不是十分满意，还是不录用了吧，我们再等等吧。"

对于这种情况，人力资源管理者需要明白，企业的出尔反尔是需要承担违约责任的。假如应聘者是离职状态还好，违约责任的经济补偿一般不大；假如应聘者是在职人员，正是因为企业发放了录用通知书之后，才向原单位提出离职申请的，此时企业承担的经济补偿就比较大，具体要看协商的结果——这方面劳动法规没有具体条款加以规定。

（八）招聘工作结束

从招聘工作的主动性角度出发，一般选择把招聘工作结束的时间延后到新人按期转正。当新人报到后，人力资源管理者还要做两方面的工作：一方面，与部门经理保持沟通，及时了解部门经理对新人表现的评价，包括新员工对工作及其团队的看法和想法。这方面的沟通工作可一直保持到新员工转正及后面的劳动关系维护。另一方面，继续组织该岗位的招聘工作，重复上述招聘流程及工作内容，只是，工作节奏可以放慢，并且注意，不要影响到已经录用的新员工。

这两方面的工作同时开展，一旦出现新人不能按期转正，出现缺员情况，人力资源部就很容易把已经准备好的"候选人"补充进来，这样，工作效率就会高很多。

对于没有被录用人员的回复。一般可以不对仅投递简历而没有被筛选为参加面试的人给予正式回复，但是不可以不对参加面试的应聘者给出正式的是否录用的回复。除了起码的礼节要求人力资源管理者这样做之外，还有一个原因是，说不定过了一段时间，这个人没准成了"不可多得的人才"。

招聘工作结束，同样要做资料整理和归档工作，这些资料按其分类有不同的处理方式：

第一类是已经录用的应聘者资料。这一类资料要归入新员工的个人档案时保存。第二类是没有被录用的应聘者资料。这一类资料单独归入应聘资料档案时保存，方便以后再联系和再招聘时使用。纸质材料较多的情况下，至少要建立一个电子版的档案加以保存。

任务二　劳动合同的管理

劳动合同是劳动者与用工单位之间确立劳动关系，明确双方权利和义务的一种协议。劳动合同的管理，不仅仅是指劳动合同的订立、履行、变更、续签、解除、终止以及劳动争议的处理，它事关企业和员工的关系，关系到企业能否与团队全体员工共同努力，去实现经营目标这一大事。

人力资源管理者必须明白，在劳动关系问题上，自己是代表资方的。但是，做事需要坚持三大原则：第一，坚持依法办事原则；第二，坚持不侵害劳动者利益原则；第三，坚持人性化管理原则。在劳动关系管理过程中，遇到劳动争议时，处理方式是多个原则的结合，其中就有一条叫“有约定从约定，无约定从法定”。当然，约定有效的前提是合法。所以，人力资源管理者首先要熟读和理解国家关于劳动合同及劳动关系的法律法规，切忌对相关法律法规一知半解，更不能对其熟视无睹。

【案例引导】

有位名叫Jon（化名）的员工，劳动合同的终止期限是2011年10月31日，他在公司已经工作了5年。

2011年10月27日上午，人力资源经理找Jon谈话，主要议题是告知Jon，公司已经决定不与其续签合同，请Jon在10月31日那天前来办理离职手续。谈话中，人力资源经理很清楚地告知Jon，公司将支付5个月的补偿金，并且补偿金的标准是按离职前12个月的总收入的平均值核算的。随后，双方也进行了一些诸如安慰和咨询之类的闲聊。Jon也没有表现出很大的反感，比较平和地离开了人力资源经理的办公室。

2011年10月28日上午，Jon来到人力资源经理办公室，交来一张医院开出的病假单，上面清楚写着：建议休病假两周。

人力资源部经理认为Jon的病来得有点突然，反复询问。Jon一脸无奈地解释，“没办法，只能请病假”，并离开公司回家了。

在2011年11月1日之后的时间里，人力资源经理天天等，也没有等到Jon前来办理离职手续。11月14日那天，Jon来到人力资源经理的办公室，告知公司不能终止他的劳动合同，如果一定要终止，则公司支付双倍的补偿金（即10个月）也可以。人力资源经理没有同意，坚持终止了Jon的劳动合同。此时的Jon扭头就走了。

就在Jon走了之后，人力资源经理办理了Jon的退工和退社保手续，5个月的补偿金也已经核算好，等Jon来领取，却等来了仲裁委的仲裁通知书。一看就知道，Jon已经向仲裁委提出劳动争议申请，理由是因公司违法解除劳动合同，要求公司支付10个月的补偿金。仲裁的结果是：公司属于违法解除合同，须支付10个月补偿金。最终，Jon领取了10个月的补偿金才完事。

此案例说明，对于劳动合同即将到期的员工，企业提前15天通知劳动者是否续签劳动合同是没错的，大多数的劳动者也会很理智地接受事实。如果有劳动者像Jon一样提出“病假”，钻法律空子，那么企业应该派人陪同其到公司指定的医院进行“复诊”，经再次诊断确认其是生病的，则只能作“延长其劳动合同到医疗期满后再终止劳动合同”的处理。

【实训任务】

每个小组为子项目一招聘的员工拟定一份劳动合同，合同内容必须具备法律法规规定的“9个必备条款”。按照劳动合同管理的工作流程一直操作到合同归档并填写相关的表格。

【实训步骤】

1. 分组，分成四人一组（男女不必分开）并选出一位组长

2. 回顾劳动合同管理的相关知识

3. 组长带领小组成员根据前一任务中选择的大学生超市某一岗位，拟定一份劳动合同

4. 小组全体成员与前一任务中确定的聘用人选讨论劳动合同的具体条款并签订合同，整个过程根据合同管理流程填写相关表格

5. 完成并上交技能训练报告

实训报告格式

实训报告表

实训报告		
学号	姓名	时间
实训内容：	分数	
实训目的：		
实训步骤：		
实训总结：		
实训建议：		

【相关知识】

（一）劳动合同管理的工作流程

劳动合同管理的工作流程具体如图 3 - 2 所示。

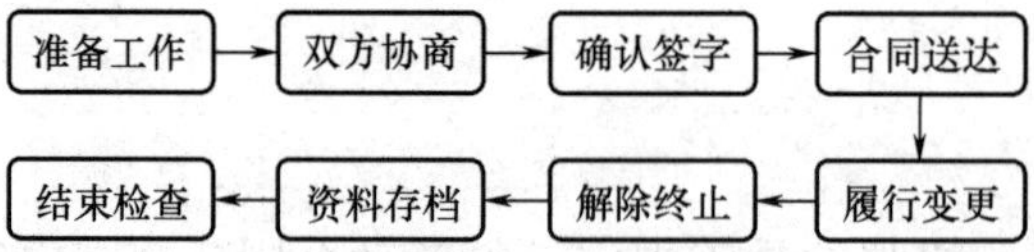

图 3 - 2　劳动合同管理的工作流程

1. 准备工作

订立劳动合同前的准备工作是有必要的，不然，草草签字盖章，后果不堪设想。具

体准备工作有：

（1）确认员工的基本信息；

（2）确认公司关于该员工的劳动合同条款的准确规定（包括合同期限、试用期期限、工作岗位名称、工作地点、工作时间、薪资标准、薪资结构、考核标准、解除和终止条件、违约责任及规章制度，等等）；

（3）确认何时与员工建立劳动关系；

（4）确认劳动合同是固定期限不是无固定期限；

（5）确认适合该员工的劳动合同文本的类型（主要是指合同内容条款）；

（6）准备发出订立劳动合同的通知书。

2. 双方协商

（1）人力资源管理者将草拟好的劳动合同文本交与员工，让其逐一条款阅读，并为其解答；

（2）请员工仔细阅读，在“劳动者补充条款约定”中写上意见；

（3）若员工对公司决定的劳动合同条款不接受，则暂停订立，等待再一次的双方确认后订立；

（4）若双方意见依旧不能达成一致，则区别对待（新员工进入不录用环节处理，老员工进入离职环节处理）。

3. 确认签字

（1）双方确认，意见达成一致后，方可进行双方签字、盖章（一式两份、同时进行）；

（2）员工必须本人签字，公司必须盖公司公章，合同方可生效。

4. 合同送达

（1）填写人事文件接收登记表；

（2）员工领取并签收（必须本人签收）；

（3）将一份签字和盖章生效的劳动合同文本交到员工手中；

（4）另一份签字和盖章生效的劳动合同文本由公司人力资源部保管，进入人事档案柜存档。

5. 履行变更

这一步主要是针对由于企业原因或员工原因，需要修改原来约定的条款而进行的工作。

6. 解除终止

这一步主要是进行双方解除或终止劳动合同的手续处理工作。

7. 资料存档

整理经双方签字、盖章的劳动合同文本，以及各类有关劳动合同的书面材料和人事文件接收登记表等，分别存入不同档案袋（或档案盒）内保存。

8. 结束检查

（1）检查员工是否签署劳动合同文本；

（2）检查员工是否在领取劳动合同时在登记本上签字；

（3）检查企业是否按规定处理变更、解除和终止劳动合同；

（4）检查与劳动合同有关的资料是否按规定存档；

（5）检查是否建立劳动合同档案管理表。

（二）劳动合同订立前的准备工作

1. 确认劳动者的基本信息

这一步准备工作有两个目的：一是可以确认劳动者的身份信息；二是可以正确填写劳动合同的必备条款中劳动者的相关信息。

2. 确认公司关于该劳动者的劳动合同订立条款的准确决定

这些条款决定包括合同期限、试用期期限、工作岗位名称、工作地点、薪资标准、薪资结构、考核标准、解除和终止条件、违约责任及规章制度等。

一般进行到这一步，人力资源需要获得企业决策层的正式批示，可以参考表 3 – 7 向决策层请示。

表 3 – 7　　新员工录用薪资审核记录表

<table>
<tr><td rowspan="4">人员信息</td><td>姓名</td><td></td><td>性别</td><td></td><td>户籍</td><td></td></tr>
<tr><td>出生年月</td><td></td><td>身份证</td><td colspan="3"></td></tr>
<tr><td>学历</td><td></td><td>专业</td><td colspan="3"></td></tr>
<tr><td>工作经历及技能</td><td colspan="5"></td></tr>
<tr><td rowspan="6">录用拟定报告</td><td>入职部门</td><td colspan="2"></td><td>入职岗位</td><td colspan="2"></td></tr>
<tr><td>入职时间</td><td colspan="2"></td><td>转正时间</td><td colspan="2"></td></tr>
<tr><td>合同期限</td><td colspan="5"></td></tr>
<tr><td>试用期限</td><td colspan="5"></td></tr>
<tr><td>试用期工资</td><td colspan="2"></td><td>转正后工资</td><td colspan="2"></td></tr>
<tr><td colspan="6">人力资源部　　　　　　　　　　　　日期：</td></tr>
<tr><td>审批记录</td><td colspan="3">人力资源总监：　　　　日期：</td><td colspan="3">总经理：　　　　日期：</td></tr>
<tr><td>备注</td><td colspan="6"></td></tr>
</table>

3. 确认何时与劳动者建立劳动关系

《中华人民共和国劳动合同法》第七条规定："用人单位自用工之日起即与劳动者建立劳动关系"。例如：小李，2014 年 5 月 7 日到 BC 公司面试成功，5 月 10 日接到 BC 公司的报到通知书，要求小李 5 月 17 日报到上班。小李于 5 月 14 日办理入职手续后就上班了。那么，小李的劳动关系建立时间就是从 2014 年 5 月 14 日算起，不是 5 月 17 日。也就是说，一般是以新员工报到上班之日起确认劳动关系。

4. 确认劳动合同的期限

劳动合同按期限分为三种：固定期限劳动合同、无固定期限劳动合同、"以完成一定的工作任务”为期限的劳动合同。此外，还有一种可以是口头形式的劳动合同，就是“非全日制用工”的劳动合同。

一般而言，企业与劳动者订立的第一份合同都是固定期限的劳动合同，只要确认固定期限的时间长短即可。很少有企业在第一次订立劳动合同的时候就选择订立无固定期限的劳动合同。

无固定期限劳动合同没有终止日期，只能在出现法律规定的解除劳动合同条件时，才能结束双方的劳动关系。但在合同中双方可以约定终止合同条款。对于劳动者而言，不会主动要求增加这些条款。而作为企业的人力资源管理者，应该有这个意识，将企业的一些管理制度转化为条款约定在其中，并注意这些条款的合法性。

5. 确认适合该员工的劳动合同文本类型

一般小型企业的劳动合同文本只有一个版本，而中型企业或是大型企业的劳动合同文本有多个版本。主要原因在于：企业认为不同层面的员工，岗位内容和承担责任不同，约定条款就应该有所不同，所以，就采用不同版本的劳动合同，以示区别。

6. 准备发出订立劳动合同的通知书

对于新员工，在入职手续办理前，一般在录用通知书中写明何时订立劳动合同，而不另行发出订立劳动合同的通知书。

对于第二次订立劳动合同的，则需要提前向员工发出续订劳动合同的通知书，以便双方都做好相关准备工作。

与劳动者订立第一份劳动合同的时候，一定要坚持“先订立劳动合同，后安排岗位工作”的流程，千万别将这个流程顺序颠倒进行。

（三）劳动合同的条款内容

人力资源管理者应当知道什么岗位、什么层级的人，适合订立什么条款的劳动合同。

劳动合同的版本可以不同，但是基本条款必须符合《中华人民共和国劳动合同法》“9 个必备条款”的规定。

中华人民共和国劳动合同法

第十七条　劳动合同应当具备以下条款

（1）用人单位的名称、住所和法定代表人或者主要负责人；

（2）劳动者的姓名、住址和居民身份证或者其他有效身份证件号码；

（3）劳动合同期限；

（4）工作内容和工作地点；

（5）工作时间和休息休假；

（6）劳动报酬；

（7）社会保险；

（8）劳动保护、劳动条件和职业危害防护；

（9）法律、法规规定应当纳入劳动合同的其他事项；

劳动合同除前款规定的必备条款外，用人单位与劳动者可以约定试用期、培训、保守秘密、补充保险和福利待遇等其他事项。

需要注意的是：对于比较偏向定性的法规条款，就要具体量化约定条款，也就是说要有定量的条款，以示明确；劳动法律法规条款不用照抄，因为任何人、任何企业和任何组织都要遵纪守法，即使不写入劳动合同，也不可以违法操作。

1. 劳动者发生紧急情况的通知的约定

由于现代社会人员流动频繁，员工出现紧急情况需要与亲人沟通，所以，一般在劳动合同中都有相关约定，以供劳动者出现意外时应对（表3－8）。

表3－8　　劳动者发生紧急情况的通知约定

请劳动者提供如下信息，便于紧急情况时的联系： （1）紧急状态联系人姓名：_________，与劳动者的关系：_________，联系电话：__________________； （2）经劳动者同意，当在其处于联系障碍状态（包括但不限于劳动者因病住院、丧失人身自由等情形）时，委托本合同所约定的紧急状态联系人作为劳动者的受委托人，该受委托人享有接受和参与调解、代领、签收相关文书的权限。

2. 试用期的约定

根据《中华人民共和国劳动合同法》的规定，试用期限的长短取决于合同期的种类和期限，如表3－9所示。

表3－9　　试用期的规定

合同种类和期限	试用期限
小于3个月的	无试用期
完成一定工作任务的	
非全日制用工的	
3个月以上不满1年的	不得超过1个月
1年以上不满3年的	不得超过2个月
3年以上或无固定期限的	不得超过6个月

表中“不得超过2个月”“不得超过6个月”中的“不得超过”是不含本数的，也就是说不能是2个月整或6个月整，一般操作为少1天以上即可。

有些企业担心用错人，就采取先试试看的办法，约定试用期为3个月或6个月，并且说，等考核合格后再订立正式劳动合同。这种单一试用期劳动合同的做法不但不会给企业带来有利的一面，反而会给企业带来不必要的损失。因为：

（1）单一的试用期合同不成立。其实，它还是一份短期的固定期限的劳动合同。根据《中华人民共和国劳动合同法》规定，小于、等于3个月期限的劳动合同是没有试用期的，所以，企业订立的仅仅是3个月试用期的劳动合同，用试用期待遇对待，就属于违法了。

（2）因为是一份固定期限的劳动合同，所以，企业已经用去了一次订立劳动合同的机会，下一次订立的劳动合同属于第二次订立。

（3）因为小于或等于3个月期限的劳动合同是没有试用期的，所以，企业不能用

“试用期不符合录用条件”这一法规规定去解除劳动者的劳动合同。

（4）如果企业与劳动者仅仅订立了3个月的劳动合同，正确的做法是，等到劳动合同的终止日，不续签的时候，企业支付给劳动者半个月的经济补偿金结束劳动关系，就没有问题了。

3. 工作内容的约定

对于新人、工作岗位陌生，工作内容也一定陌生，并且，还有试用期的考核，所以，有必要在劳动合同中，把工作内容做一约定。

每一个企业的岗位说明书的内容不一样，格式不一样，但都有比较多的内容，若要一一写入劳动合同里，确实有点烦琐。有一简单办法就是在合同中约定工作内容详见该岗位的岗位说明书。

例如：本公司聘用劳动者某某从事技术（部门）软件设计师（岗位）工作，主要工作内容负责本公司所有产品软件部分的研发及技术故障排除。详见该岗位的岗位说明书。

4. 工作地点的约定

劳动合同中工作地点如何约定？这个需要考虑企业当前或者未来几年里，该岗位的工作地点是否会发生变化。如果会，则需要提前约定好，可以防止不必要的误解。

例如：一家公司目前的经营业务范围是上海市，半年后需要开拓整个华东六省一市的消费市场，新招聘的人员是为开拓新市场准备的。工作地点如何写？合同中应该这样约定：“工作地点：上海市和公司新开发的市场地区。”

如果新员工在订立劳动合同时，表露出不同意被公司安排去另一个地方工作的意愿。此时，就不要勉强录用，放弃录用为好。因为，即便是勉强同意，日后，公司如果有另外的安排，该员工也是不会同意的。

5. 工作时间的约定

国家规定的工作时间制度有三种形式，即标准工时制、综合计时制和不定时工作制。企业实行哪一种工作时间制度，应当约定在劳动合同中，并明确约定几点上班、几点下班，以及约定相关的考勤管理制度。需要注意的是，如果公司实行的是周一至周六工作，周日休息的“做六休一”制度，即使这种工作时间也是标准工时制，周六上班必须支付加班费。并且必须在劳动合同中做出特别解释和约定，并注意工资发放表的制作操作中要将周六或周日的加班费用明确区分出来，不能混在总工资之中。

6. 劳动报酬的约定

关于劳动报酬的约定，有几个项目需要注意，这些项目有的是必须按法规规定的执行，有的可以是双方在劳动合同中事先约定。

（1）试用期工资的约定。劳动合同法规定，劳动者在试用期的工资不得低于本单位相同岗位最低档工资或者劳动合同约定工资的80%，并不得低于用人单位所在地的最低工资标准。

如果劳动合同约定的工资低于用人单位所在地政府最近公布的最低工资标准，那么这个时候只要按照不低于新最低工资标准的数量给员工发放工资，劳动合同还是有效的。

（2）转正后工资的约定。对转正后的工资，应该也有一个约定。若没有约定，不仅不利于公司自身，也会违反法律法规的相关规定。

劳动合同法规定“用人单位未在用工的同时订立书面劳动合同，与劳动者约定的劳动报酬不明确的，新招用的劳动者的劳动报酬按照集体合同规定的标准执行；没有集体合同或者集体合同未规定的，实行同工同酬”。

（3）月工资标准的结构比例的约定。有些企业在劳动合同中仅仅将月工资约定一个整数，而不约定其结构，结果经常发生因公司和劳动者双方的理解不同而产生劳动争议的情况。

月工资的组成结构是什么？各部分比例如何？是没有法律规定的。所以，企业应该把实际操作的办法约定在劳动合同的条款中。

一般企业对于工资结构，采用“基本工资 + 绩效工资 + 津贴 + 奖金”的做法。属于刚性部分的基本工资和津贴，通常约定在劳动合同中；属于弹性部分的其他项，如绩效工资和奖金，则不约定在劳动合同中。这部分内容应该在企业内部的薪酬管理制度中有详细规定，也会因企业经营结果的好与坏做调整。

（4）基本工资的约定。基本工资有三种确认方式：劳动合同约定法、集体合同约定法、法定金额的70%规定法。一般企业都会在劳动合同中约定低于70%比例的，或者在集体合同中统一约定一个比例，这个比例也是低于70%的。

基本工资可以用来核算假期工资，也可以用来核算加班工资。

（5）绩效考核工资的约定。关于绩效考核工资，很有必要结合公司的绩效管理制度，一起事先在劳动合同中约定，既让劳动者明白，也可以让公司的管理者依此办事。如果不约定，公司很有可能陷入“无故克扣员工工资”的陷阱里。

对于普通基层作业员工，绩效工资的比例一般不大于20%（企业所在地政府另有规定，就按照当地规定的比例）；对于高收入一类的员工，例如高层管理者或者技术研发人员，他们的绩效工资的比例一般是比较大的，没有一定是多少的限制，基本上取决于企业的薪酬政策。

（6）年终奖的约定。关于年终奖问题，很多企业都认为年终发放奖金的时候，以在职人数为准，即离职者没有年终奖。既然企业主观认为是这样的规定和操作方式，那么，就有必要将这句话写入劳动合同中，事先告知劳动者，并请劳动者签字。这样处理，就不会有这方面的劳动争议发生了。

7. 社会保险的约定

企业为劳动者办理社会保险，这是国家的强制规定，企业只有执行的义务，而没有选择不执行的权利。并且，国家的社保政策还在不断地完善和调整过程中，为避免公司在实际操作时经常因政策的改变而改变，可以在合同中这样约定“本公司根据国家和××市政府有关规定，为劳动者办理参加社会保险和住房公积金，并代缴代扣相关个人缴纳的费用”。

8. 劳动保护、劳动条件和职业危害防护问题的约定

对于劳动保护、劳动条件和职业危害防护等事项，国家有强制性法规规定企业必须执行，劳动合同中应当写清楚企业如何执行这些事项。

例如：（1）本公司建立健全生产工艺流程、操作规程、工作规范和劳动安全卫生制度及其标准。本公司对可能产生职业病危害的岗位，对劳动者履行告知义务，并做好劳

动过程中职业危害的预防工作，劳动者应严格遵守相关操作流程与安全制度。

（2）本公司为劳动者提供符合国家规定的劳动条件及安全卫生的工作环境，并依照企业生产经营特点及有关规定为劳动者提供劳动防护用品，劳动者应严格按要求穿戴劳动防护用品。

（3）本公司对劳动者进行职业技术、安全卫生、规章制度等必要的“三级安全”教育与培训，劳动者应认真参加本公司组织的各项必要的安全教育培训。

（4）劳动者必须增强自我保护意识，在劳动过程中严格遵守安全操作规程。如由于劳动者违反安全操作规程、违章作业，出现工伤事故，本公司按国家工伤规定处理的同时，追究劳动者本人应负违规作业的责任，并应对本公司造成的经济损失进行赔偿。

9. 企业规章制度的内容约定

人力资源管理者应该知道，劳动合同、集体合同和规章制度这三种文件之间的法律效力的大小关系不是并列的或者从属的，三者之间的关系是：集体合同大于劳动合同大于规章制度。因此，当劳动合同与规章制度两者条款发生矛盾时，劳动者坚持以劳动合同为准的，则以劳动合同约定的为准。由于企业规章制度内容很多，不宜全部写入劳动合同，所以，一般在合同中这样约定：“本公司的规章制度（包括但不限于员工手册、岗位职责、考勤管理制度、薪酬福利管理制度、奖励与处罚、安全生产管理制度等）均属合同的主要附件，其效力与本合同条款等同。”

10. 其他条款的约定

（1）法律法规没有规定的情形的约定。如果出现的具体情况是法律法规没有规定的情形，若企业已经很明确地反对这类情形，则可以约定在劳动合同中，前提是必须合法，如表 3－10 所示。

表 3－10　　关于企业禁止的或反对的条款约定

劳动者有以下行为的，公司作解除劳动合同处理，并且不支付经济补偿金： （1）合同签约后 5 天内未能上岗工作履行本合同的； （2）因劳动者未能提供其能被录用的相关资料（劳动手册、退工证明、离职证明等），致使本公司无法办理录用及社会保险缴纳手续的； （3）劳动者被查实在应聘时，向本公司提供的其个人资料是虚假的，包括但不限于离职证明、身份证明、户籍证明、学历证明、体检证明等是虚假或伪造的，应聘前患有精神病、传染性疾病及其他严重影响工作的疾病而在应聘时未声明的，应聘前曾受到其他单位记过、留厂察看、开除或除名等严重处分，或者有吸毒等劣迹而在应聘时未声明的，应聘前曾被劳动教养、拘役或者依法追究刑事责任而在应聘时未声明的，等等； （4）严重违反本公司的劳动纪律、员工手册或规章制度的； （5）因严重失职、营私舞弊而给本公司利益造成 5000 元（含）以上重大损失的； （6）劳动者是驾驶员的，因其自身原因，其驾照被吊扣或失效的； （7）劳动者同时与其他用人单位建立劳动关系，经本公司提出，拒不改正的； （8）劳动者被依法追究刑事责任、行政拘留的。

（2）劳动者不提前申请离职的约定。劳动法规定，在企业无过错的前提下，劳动者单方面提出离职，需要在试用期提前 3 天、转正期提前 30 天提出。但是，法律没有规定，假如劳动者不提前申请离职，该作何处理。因此企业可以在劳动合同中做出约定，如表

3－11 所示。

表 3－11　关于劳动者不提前申请离职的约定

（1）劳动者未提前 30 天向本公司提出辞职的，必须承担离职月中还需要缴纳的社保和公积金的单位和个人的费用总和； （2）劳动者有其他擅自离职情形的（如不辞而别、未办理离职手续等），将在劳动者办理工作交接和离职手续后支付劳动者未领取的应得工资； （3）劳动者欠付本公司任何款项的，或者违反本合同约定的条件解除劳动合同，给本公司造成任何经济损失的，依照法律法规约定和合同约定应承担的赔偿责任，本公司有权从其工资、奖金及津贴、补贴等（包括并不限于此）中做相应的扣除，但该扣除不得违反法律法规的规定，不够扣除的，本公司仍然有权就剩余部分向劳动者追偿。

（四）劳动合同的生效及送达

1. 订立劳动合同的双方签字、盖章

（1）双方确认对于劳动合同文本的意见协商一致后，方可进行双方签字、盖章（一式两份同时进行）；

（2）员工必须本人签字，公司必须盖公司公章；

（3）不需要老板签字、不需要人力资源部签字；

（4）合同一式两份即可，也可以一式三份，将一份存入公司的档案室里；合同签署格式如表 3－12 所示。

表 3－12　双方签署劳动合同的格式

甲方（企业名称）： （盖章） 签约日期：　　年　　月　　日	乙方（姓名）： （签名） 签约日期：　　年　　月　　日

2. 劳动合同的送达

当劳动合同订立完毕，人力资源管理者不能直接将其中一份合同交给员工一份，就算完事了，这无法保证将来不发生争议，而应该采用送达的方式。就是请劳动者签署一份“劳动合同接收记录”。步骤如下：

（1）填写人事文件签收记录表，如表 3－13 所示；

表 3－13　人事文件签收记录表

序号	文件编号	文件名称	签收时间	员工签收	经办人	备注
1						
2						

（2）员工（必须本人）领取签收；

（3）一份签字和盖章的劳动合同交与员工；

（4）另一份由公司人力资源部保管，放入公司人事档案柜。

企业一般都会在劳动合同文本的页眉页脚标注提示性文字，如："内部资料、妥善保管、不得外传、遗失不补"。所以，员工遗失合同，人力资源部不需要为其补签。另外，不补签也是防止签署两份不一致的劳动合同，引起不知以哪一份为准的管理矛盾。

（五）劳动合同的变更

1. 劳动合同变更的原因

关于劳动合同的变更，无外乎企业与劳动者两方面的原因引起的，一般有三个方面的原因：

（1）因劳动者非因公生病医疗期满，不能从事原岗位工作时，企业对其做出变更岗位的决定，而无须征得劳动者的同意，但要注意变更节点及要求如下：必须在劳动者医疗期满后进行变更；变更岗位的工作要求，只能是更低标准的。

（2）因劳动者不能胜任工作的变更。

对于劳动者经常性出现工作任务完不成的情况，要做好安排培训及考核的相关记录：给予相关的工作技能培训，再次安排上岗；在第二次上岗后，仍然不能胜任工作的，调整至劳动者能够胜任的岗位上工作，签署变更合同。

（3）因企业原因，比如经营场地的移位而变更工作地点等。

2. 变更的默示效力问题

无论出于何种原因变更劳动合同，都涉及双方的利益。因此，变更的通知及效力有两种操作办法：

（1）当一方通知对方变更，对方逾期不予回复，视为同意变更；

（2）"化变更为履行"：提前将可能发生变更的情况写在劳动合同中，当情况发生时，无须通知对方，按约定情形履行即可。

一般第二种操作办法更可取，例如：某劳动合同中约定"目前工作地点在上海市××区，以后生产基地搬迁至昆山。对此，乙方（劳动者）没有异议，同意跟随公司搬迁。"

（六）劳动合同的续签

续签劳动合同，是在原劳动合同的终止日期即将出现时进行的。关于劳动合同即将终止，需要提前多少天进行双方的续签或者不续签的确认，法律法规没有规定，人力资源管理者可以依据比较人性化操作的原则进行：

（1）劳动合同到期前 15 天左右，发出续签要约，要求劳动者 2 天内回复是否续签；

（2）续签的劳动合同条款，对于劳动者的利益而言，只能是维持原标准或提高标准，不得低于原标准；

（3）如果用人单位不同意续签的，需要支付补偿金；如果是劳动者不愿意续签的，则用人单位不需要支付补偿金，但是，一般情况下，劳动者是不会主动提出不续签劳动合同的；

（4）如果自 2008 年以来，是第三次续签劳动合同的，则需要订立无固定期限合同，除非劳动者不愿意，但是，一般情况下，劳动者是不会拒绝的。

（七）劳动合同的解除

劳动合同的解除，是发生在劳动合同有效的履行期内的。一般有两种情况：一种是劳动者提出解除；另一种是企业提出解除。这两种解除都有合法与不合法的法规规定，人力资源管理者必须搞明白，哪些做法是合法的，哪些做法是不合法的。人力资源管理者只有依法操作的义务，而没有违规操作的权利。

1. 劳动者提出解除劳动合同的合法规定

（1）不需要提前告知的：当用人单位有违法或有过错时使用。

（2）需要提前告知的时间：当用人单位没有违法或有过错时使用。在试用期内提前3天告知企业；在正式期内提前30天告知企业。

（3）劳动者如果不遵守提前通知的，属于不合法行为。

（4）劳动合同法实施条例第十八条对劳动者可以依法解除劳动合同的情形进行了规定。

2. 企业可以单方提出解除的合法规定

（1）劳动者过失。

a. 试用期被证明不符合录用条件的；

b. 严重违反规章制度的；

c. 严重失职、营私舞弊、造成重大损失的；

d. 同时与其他用人单位建立劳动关系，并拒不改正的；

e. 因劳动者欺诈、隐瞒等致使劳动合同无效的；

f. 被依法追究刑事责任的。

注意：假如用人单位提出解除合同的理由是劳动者有过失，并且符合法律法规规定的过失情形，是可以不支付劳动者经济补偿金的，但是，用人单位需要承担举证责任。所以人力资源管理者应特别注意平时的细节管理和书面材料的确认、记录及存档。

（2）用人单位需要提前30天或额外支付一个月工资后解除合同的规定。

a. 劳动者非因公生病，医疗期过后仍不能工作的；

b. 劳动者不能胜任工作，培训后仍不能胜任的；

c. 客观情况发生变化：企业迁移、被兼并、资产转移等。

（3）经济性裁员的合法规定。

a. 裁员人数限制：≥20人或≥10%的总人数（以花名册和工资表为准）；

b. 裁员流程必须符合法定程序（提前30天，向工会或全体员工说明情况，听取工会或职工意见后，裁减人员方案向劳动行政部门报告）；

c. 裁减人员时，应当优先留用下列人员：与本单位订立较长期限的固定期限劳动合同的员工；与本单位订立无固定期限劳动合同的员工；家庭无其他就业人员，有需要赡养老人或者抚养未成年人的员工；

d. 限制条件：优先留用，优先招用。

（4）用人单位禁止解除劳动合同的对象。

a. 有职业病，且没有体检诊断的；

b. 仍在医疗期的；

c. 处于“三期”的女工；

d. 工龄满 15 年，且距法定退休年龄不足 5 年的。

3. 解除劳动合同通知书

当企业解除与劳动者的劳动合同的时候，一般是需要向劳动者发出“解除劳动合同通知书”的。在这份具有法律效力的书面文件中，必须能够看出以下信息：

（1）企业提出解除的理由是否符合法律法规；

（2）企业提出解除的时间是否符合法律法规；

（3）企业提出解除的操作流程是否符合法律法规。

从而可以明确界定企业是合法解除，还是非法解除。

表 3－14　　解除劳动合同通知书

<table>
<tr><td>姓名</td><td></td><td>性别</td><td></td><td>身份证号</td><td></td></tr>
<tr><td>部门</td><td></td><td>岗位</td><td></td><td>入职时间</td><td></td></tr>
<tr><td colspan="6">公司根据“××岗位说明书”的要求，对您进行试用期的工作绩效评估。具体结果告知如下：
一、试用期的工作绩效表现（附考核表）
二、现将公司的决定正式通知如下：
请在接到本通知后，于三日后的第四天 9：00 至 11：30，到人力资源部办理相关离职手续。

人力资源部（盖章）经办人：　　　　签署日期：　　年　　月　　日</td></tr>
<tr><td>员工
意见
记录</td><td colspan="5">今接到公司的解除劳动合同通知书，并接受公司决定。其他意见如下：

员工确认签名：　　　　日期：　　年　　月　　日</td></tr>
<tr><td colspan="6">注：本表单签署后，复印件交与员工，原件存档。</td></tr>
</table>

（八）劳动合同的终止

劳动合同的终止，一般发生在劳动合同约定的终止日期即将出现或已经出现时。劳动合同法规定的终止情形有：

（1）劳动合同期满的；

（2）劳动者开始依法享受基本养老保险待遇的；

（3）劳动者死亡，或者被人民法院宣告死亡或者宣告失踪的；

（4）用人单位被依法宣告破产的；

（5）用人单位被吊销营业执照、责令关闭、撤销或者用人单位决定提前解散的；

（6）法律、行政法规规定的其他情形。

注意：只要出现符合法规规定的情形，无固定期限的劳动合同也是可以进行解除和终止的。如果“三期”女工出现严重违反企业规章制度的，企业是可以解除劳动合同的。但是，企业承担举证责任。如果举证的事实属于一般性的（不是严格意义上的严重程度）违规，法律是不会支持企业解除其劳动合同的。所以，要谨慎操作。

处理劳动关系的时候，用“解除”或者“终止”，而不用“开除”“辞退”“劝退”

等语汇。

（九）劳动合同的文本管理

经双方签字盖章之后的劳动合同文本，一份由员工领取，并由其个人保管，另一份由企业的人力资源部归档保存。

由于劳动合同文本本身的法律效力的特殊性，因此，它的归档保存，需要特别注意以下步骤及方法：

（1）将企业全体员工的劳动合同文本按部门分类整理。一般整理的格式如表 3 - 15 所示；

表 3 - 15　　××部门在职人员劳动合同文本归档表

序号	姓名	入职时间	第一份合同期限	第二份合同期限	第三份合同期限	备注
1						
2						

制表人：　　　　　　　　　　整理日期：　　年　　月　　日

（2）按照表的格式，将签署好的劳动合同文本的姓名、入职时间、第一份合同期限、第二份合同期限等信息填入，并填写制表人姓名（人力资源经办人）及整理日期（一般是有某一个员工有劳动合同的变动，就重新整理一次），打印一份；

（3）将每一份劳动合同文本的页边上打孔，附在表后面，制成一本“××部门在职人员劳动合同文本档案本”，放置档案柜中保管；

（4）员工离职之后，将其所有合同从劳动合同文本档案中抽出，转移至离职员工档案内，两年以后，则可以考虑销毁；

（5）劳动合同文本的保管注意其安全性（防潮、防霉、防腐、防虫）；

（6）遇到企业搬家之类的事情，人力资源部要特别注意保护劳动合同文本的安全转移。

这样做的好处是：

（1）方便查找某一个部门或某一个员工的劳动合同文本及内容，包括订立时间、到期时间及第几份等信息；

（2）与电子版对应，很容易得到劳动合同需要进行什么内容管理的提示，比如是否到期、是否需要签订无固定期限合同等；

（3）避免发生劳动合同文本遗失事件。

任务三　核算工资

工资核算就是企业根据员工的劳动时间长短及劳动成果多少计算其劳动报酬的过程。做好工资核算工作，需要掌握以下内容：①理解工资、月工资标准、工资总额、基本工资、出勤工资、各类假期（事假、病假、婚假、产前假、产假、哺乳假、探亲假、年假等）工资、各类奖金、津贴、补贴、加班工资、计薪日、工作日、社会保险费、住房公积金缴纳、个人所得税、最低工资标准、社会平均工资水平（包括上限、下限），等等概念、内容、相关法规规定及其使用方法是什么？②掌握计薪日 21.75 天和工作日 20.83 天怎么用？③掌握核算工资的标准计算公式是什么？④搞清楚所在企业对于劳动报酬，与劳动者有哪些约定？

【案例引导】

1. DX 公司是一家老国有企业，全体员工遵守周一至周六上班，周日休息的“做六休一”工作制度。劳动合同中约定工作时间为标准工时制，劳动报酬也只约定一个总数，例如 2500 元/月。这种情况已经维持很久，大家也认为很正常，都接受。

到了 2010 年 5 月 5 日，小赵入职，也是这样的方式订立劳动合同。2011 年 8 月 31 日，小赵提出离职申请，并要求公司补发周六加班工资。未果之后，向劳动仲裁委员会提出劳动争议仲裁申请，经核实，判 DX 公司支付小赵周六加班工资。

DX 公司为何会被要求支付周六加班工资？如果你是公司的人力资源管理者，你将如何规避这类问题不再发生。

2. 赵亮是一家民企的机床操作工，劳动报酬执行多劳多得的计件制。工资结构是基本工资 1000 元，加计件奖金，计件比例为 7 元/件。赵亮是一位熟练工，每个月可以加工零件在 280～300 件。

公司基本上按五天八小时标准工时制实行，没有安排员工加班。

有一个月，因同车间的员工请了半个月的事假，为完成生产任务，车间主管要求赵亮加班，每天延时下班，并告知公司将支付加班费。到月底考勤统计显示和确认，赵亮的平时加班时间为 30 小时，并且多完成了 100 个零件的加工任务。

如果你是工资核算员，请核算赵亮的加班费是多少。

【实训任务】

1. 超市小王于 2014 年 11 月 13 日报到上班，之后没有缺勤。如果超市实行标准工时制，小王的月薪是 1000 元，无其他津贴和补贴。

请核算小王的 11 月份出勤工资。

2. 超市小刘的月薪总额在劳动合同中约定为 800 元，无其他津贴和补贴。超市实行标准工时制。放假前，因超市要清货，需要加班，小刘在 2014 年 11 月份根据出勤统计，除了满勤外，还在平时累计延时加班 10 小时，周六加班共计 15 小时。

请核算小刘 11 月份的加班工资和全月出勤工资的总额。

3. 超市小郑入职超市有一年多但不满两年，劳动合同约定工资月薪是 800 元，没有其他补贴和津贴。小郑在 2014 年 11 月的 21～24 日请病假，其余正常出勤。

请核算小郑的病假工资和 11 月份工资。

4. 制作超市员工的在职员工工资表和超市各部门的工资发放汇总表。

【实训步骤】

1. 分组，分成四人一组（男女不必分开）并选出一位组长

2. 回顾工资核算的相关知识

3. 小组成员分别计算任务中的前 3 题

4. 组长带领小组成员共同讨论确定前 3 题的正确数据，并制作超市员工的在职员工工资表和超市各部门的工资发放汇总表

5. 完成并上交技能训练报告

实训报告格式

实训报告表

实训报告		
学号	姓名	时间
实训内容：	分数	
实训目的：		
实训步骤：		
实训总结：		
实训建议：		

【相关知识】

一、支付劳动报酬的工作流程

支付劳动报酬的工作流程如图 3－3 所示。

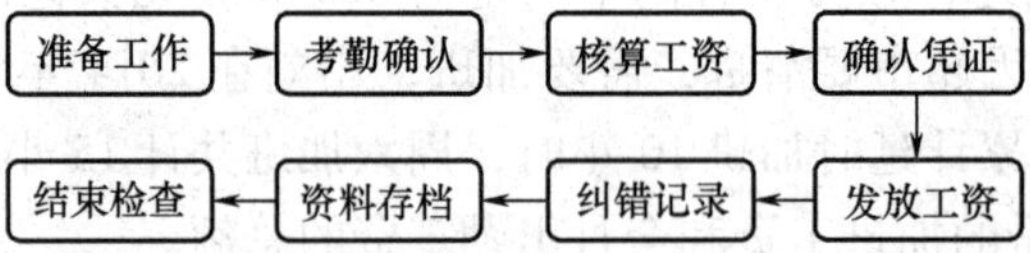

图 3－3　支付劳动报酬的工作流程图

1. 准备工作

工资核算的准备工作有很多，如：法规规定、员工花名册、在职员工月工资标准档案表等。

2. 考勤确认

输入考勤工作的结果，主要有 4 类文件：

（1）各部门管理者和劳动者共同签字确认的考勤记录单（或考勤机刷卡打印件，或手工考勤记录表）。

（2）每个员工上一自然月的出勤天数、请假天数、加班时间等记录，且必须经过书面确认。

（3）各类假期（事假、病假和年假等）的审批单、加班审批单等，必须附在考勤表（单）后面备查。

（4）如果出现考勤违纪记录（如迟到、早退和旷工等），也必须再经员工本人签字确认。

3. 核算工资

依据员工的劳动时间长短，劳动成果大小以及休假等情况，计算出员工的劳动报酬。

4. 确认凭证

当工资核算好之后，需要制作成财务支付凭证和员工工资发放单，按下列方法进行：

（1）财务支付凭证的制作和确认，可以根据各企业自己的财务管理要求进行，没有固定的模板格式。

（2）员工工资发放单的制作和确认，有两种或可行的方法：一种是公司有内部局域网的，每个员工都有一个 ID 口令和密码，员工凭此查阅自己的工资发放明细并进行确认；另一种是将员工工资发放单打印成工资条，发放给员工，做好员工签收工资条的记录并保管备案。

（3）这里有几个重点工作必须确认：员工的工资标准；员工的出勤天数、假期天数和加班情况；员工的银行卡号；员工工资的核算依据及演算准确性；其他代扣款项的准确性。

5. 发放工资

有两种发放工资的形式：一是通过银行转账方式发放到员工的个人银行账号上；另一种是由财务以现金形式发放给员工本人。注意：如果银行账号不是员工本人的或领取工资不是本人来领取，一定要获得员工本人签署的领取工资委托书，方可进行工资的发放。

6. 纠错记录

工资核算难免会出错，多发少发也是有可能的，因此，当工资发放完毕了，发现错误的，可以采取记录方式进行登记，在下一次核算工资和发放时补发或退回，并与员工说明原因，一般员工都会谅解的。

7. 资料存档

将所有关于工资核算的文件资料，包括考勤表、电子版工资表等都整理分类（电子版的资料注意备份保存），按照档案管理办法，进行装订，编写好档案文件名称及日期等信息，存入文件柜中保存。

8. 结束检查

主要是检查前述环节是否有出错的地方。因为，对劳动者的劳动报酬，是不可以有不支付、不足额支付等拖欠行为的，一旦发现错误，应立刻更正并向相关人员进行解释、说明。

二、工资核算的准备工作

在进行工资核算之前，需要做好的准备工作包括以下几个方面。

（一）准备相关法律文件

准备关于工资核算的国家法律法规和公司所在地政府的规定文件，并注意法规的有效性。

在核算工资时，常用的法规依据有劳动和社会保障部2000年颁发的《关于职工全年月平均工作时间和工资折算问题的通知》、1995年开始执行的《中华人民共和国劳动法》。

> 关于职工全年月平均工作时间和工资折算问题的通知
>
> 一、制度工作时间的计算
>
> 年工作日：365天－104天（休息日）－11天（法定节假日）＝250天
>
> 季工作日：250天÷4季＝62.5天/季
>
> 月工作日：250天÷12月＝20.83天/月
>
> 工作小时数的计算：以月、季、年的工作日乘以每日的8小时。
>
> 二、日工资、小时工资的折算
>
> 日工资：月工资收入÷月计薪天数
>
> 小时工资：月工资收入÷（月计薪天数×8小时）
>
> 月计薪天数：（365天－104天）÷12月＝21.75天/月。

> 中华人民共和国劳动法
>
> 第四十六条　工资分配应当遵循按劳分配原则，实行同工同酬。
>
> 第四十七条　用人单位根据本单位的生产经营特点和经济效益，依法自主确定本单位的工资分配方式和工资水平。
>
> 第四十八条　国家实行最低工资保障制度。最低工资的具体标准由省、自治区、直辖市人民政府规定，报国务院备案。
>
> 用人单位支付劳动者的工资不得低于当地最低工资标准。
>
> 第五十条　工资应当以货币形式按月支付给劳动者本人，不得克扣或者无故拖欠劳动者的工资。
>
> 第五十一条　劳动者在法定休假日和婚丧假期间以及依法参加社会活动期间，用人单位应当依法支付工资。

（二）整理花名册，确认发放工资的总人数

这一步准备工作需要注意两点：第一，不能遗漏新进人员；第二，别重复计算离职人员。

（三）预先编制一份本公司全体在职员工月工资标准档案表

（1）将员工劳动合同中关于公司与员工双方约定的工资标准数整理出来；

（2）依据本公司的薪酬管理规定，查找该员工可以获得哪些劳动报酬类的待遇，并予以核实和确认；

（3）依据本公司对员工薪资调整的批文，进行员工的薪资档案调整；

（4）依据本公司对员工嘉奖或违章处理批文，进行员工的薪资档案调整。

上述内容都确认无疑之后，制作一份在职员工月工资标准档案表，如表 3－16 所示。

表 3－16　　**在职员工月工资标准档案表**　　单位：元/月

序号	姓名	部门	岗位	基本工资	岗位津贴	技能津贴	技术津贴	工龄津贴	其他	合计
1										
2										
3										
4										
……										
200										
合计										800000

总人数：200 人

注意：1. 在职员工月工资标准档案表是核算每一个员工工资以及公司总工资标准的依据，也是以后审核员工工资发放对错的评价依据。2. 这张表需要每月核定一次，在核算工资前进行。3. 若企业没有各类津贴，就不用填写。

（四）预先编制一份本公司全体人员的社会保险缴纳档案表

通过这张表能够反映需要扣除的个人缴纳社会保险的金额及公司总计扣除金额。这是核算员工实发工资的重要数据。

表 3－17　　**在职员工社会保险缴纳档案表**　　单位：元/月

序号	姓名	缴费基数	养老		医疗		失业		个人	工伤	生育	公司
			公司（?%）	个人（?%）	公司（?%）	个人（?%）	公司（?%）	个人（?%）	总计	公司（?%）	公司（?%）	合计
1												
2												
3												
4												
….												
200												
合计												100000

总人数：200 人

表中社会保险缴费比例（?%）根据企业所在地政府规定的比例确定。

（五）预先编制一份本公司全体人员的住房公积金缴纳档案表

通过这张表能够反映需要扣除的个人缴纳住房公积金的金额及公司总计扣除金额。这也是核算员工实发工资的重要数据。

表 3－18　　在职员工住房公积金缴纳档案表　　单位：元/月

序号	姓名	缴纳基数	公积金		公积金合计
			公司（?%）	个人（?%）	
1					
2					
…….					
200					
合计					50000

总人数：200 人

表中公积金的缴纳比例（?%）根据企业所在地政府的有关法规规定的比例确定。

（六）根据本公司福利管理规定，预先编制一份在职员工福利待遇表

一般公司的福利会有这些内容：午餐费（或提供免费午餐）、交通费（或提供通勤班车），等等，可以依照工资档案表的方式制作成在职员工福利费用表，获得总人数及总金额等数据。

（七）准备好员工的考勤记录及确认的考勤结果

（八）准备好员工的绩效考核结果，并确认是给予奖励还是处罚

在核算绩效工资时，需要获得员工对绩效考核结果的书面签字确认文件。原因在于，嘉奖的还好操作，处罚的相对来讲，员工比较容易产生意见，故一定要事前确认。

（九）根据国家关于个人所得税的管理规定，找出个税抵扣公式

假如员工的个人收入高于国家的纳税标准基数，在核算工资时，要先做扣除个人所得税的计算。个人所得税的扣税标准要按照国家规定为准，并注意以最新颁布的标准为准。

（十）整理出因上个月员工工资核算出错，需要本月纠错的事项

这一步工作是纠正上月工资核算时的差错，如果没有差错的，就不必要做。

三、出勤（加班）工资的核算

（一）出勤工资核算的计算公式

公式一：月出勤工资＝月工资标准×（1－1÷21.75×事假天数）

公式二：月出勤工资＝月工资标准÷21.75×出勤天数

一般来讲，公式一适合请假天数少的在职员工，而公式二适合新员工和请假天数大于出勤天数的员工。

（二）出勤工资的核算方法

在核算工资时要注意以下几点：一是不要去计算“本月应出勤天数”，不但麻烦，还可能产生争议，直接用21.75作为每个月应出勤天数。二是要注意计薪日和工作日是两个概念，核算员工工资使用的是计薪日，而不是工作日。三是多发给员工工资，错误还不算大；如果一直少发员工工资，错误就大了，这就可能要负法律责任。因为，很难说得清楚是克扣工资，还是不小心算错工资。四是对于法定假日较多的月份，例如1月份或2

月份，能够享受法定假日的员工如果请了事假，用公式一算其出勤工资比较方便。

核算示例：小李2013年10月8日报到上班，之后没有缺勤。该公司实行标准工时制，小李月薪为4500元，无其他津贴和补贴。核算小李10月份的工资。

解答：2013年10月共有31天，恰逢国庆长假。小李是10月8日报到上班，小李的10月份出勤天数确认为18天（注意，8日和9日是国家规定的国庆长假调换上班，可以不作为周末加班处理，而新入职员工是不享受国庆法定假期的。）因此，使用公式二计算小李的出勤工资是：

小李的10月份出勤工资 $=4500\div 21.75\times 18=3724.14$（元）

（三）加班工资的核算

加班工资的核算要依据国家劳动法规规定及企业所在地政府的有关规定进行。根据这些法规规定，三种工时制度的加班费核算办法如表3－19所示。

表3－19　　加班费支付比例速查表

工时制度	加班费支付标准		
	平时延时加班	双休日加班	法定节假日加班
标准工时制	150%	200%	300%
综合计时制	150%		300%
不定时工时制	在标准工作时间内不支付加班费，超出标准工作时间的工时支付加班费		

根据规定，标准工时制下的双休日加班，是可以先安排调休，不能安排调休的，按200%的比例支付加班费。而平时加班和法定节假日加班，则只能支付加班费，不能安排调休。

关于加班费的基数如何确定的问题，有几种做法，第一，劳动合同有约定基本工资，这个基本工资就是加班费的计算基数；第二，以用劳动者的工资总额的70%为加班费的基数，工资总额的统计口径应当符合国家的规定；第三，如果没有其他收入，仅仅是劳动合同约定的月薪，那么就以月薪为基数，计算加班费。但是，加班费的计算基数是不能低于当地政府规定的最低工资标准的。

核算示例：小张的月薪总额在劳动合同中约定为3800元，无其他津贴和补贴。公司实行标准工时制。年末，因公司任务紧，小张在2011年12月份除了满勤外，还有很多加班安排，具体考勤确认如下：

（1）平时每天晚下班1小时；

（2）每周六都上班9小时。

核算小张的12月份加班工资和全月出勤工资。

解答：

首先确认小张的出勤天数及加班总小时数：

（1）12月份出勤天数是：23天（计算为满勤）

（2）12月份平时每天晚下班1小时，则平时加班工时是：$23\times 1=23$（小时）

（3）12月份有5个周六，每个周六上班9小时，则周末休息日加班时间是：$5\times 9=$

45（小时）。

其次，分别计算小张的出勤工资：

（1）满勤工资是：3800 元；

（2）平时加班费是：3800×70%÷21.75÷8×1.5（倍）×23（小时）=527.41（元）

（3）周六加班费是：3800×70%÷21.75÷8×2（倍）×45（小时）=1375.86（元）

最后，算出小张的加班工资和全月出勤工资分别是：

加班工资=527.41+1375.86=1903.27（元）

全月出勤工资=3800+1903.27=5703.27（元）

四、各类假期工资的核算

（一）事假工资核算的操作办法

员工请事假，可按公式一计算并扣除事假工资。

月出勤工资=月工资标准×（1－1÷21.75×事假天数）

（二）病假工资核算的操作办法

（1）员工请病假，则病假工资的核算办法必须依据国家和当地政府的相关法规规定进行操作；员工能够享受的病假时间和病假工资核算支付比例是与员工在本企业的工作时间直接相关的，这一点，在核算病假工资时要特别注意。

（2）病假工资的计发不能低于当地政府规定的最低工资标准的 80%。

（3）员工病假工资的计算公式是：

公式三：病假工资=月正常工资×70%÷21.75×P×病假天数。

公式四：病假工资=基本工资÷21.75×P×病假天数（适合劳动合同和集体合同有约定基本工资的企业）。

公式中：P 是指当地政府规定的病假工资核算支付比例。

核算示例：

小李入职有两年多了，劳动合同约定工资月薪是 3000 元，没有其他补贴和津贴。在 2011 年 12 的 16～19 日请病假，其余正常出勤。

核算小李的病假工资和 12 月份工资。

解答：

首先，确认小李可以享受的病假工资核算的标准。根据当地文件规定，小李可以享受病假工资的计算标准是按“连续工龄满 2 年不满 4 年的，按本人工资的 70% 计发”标准执行。

其次，确认小李核算病假工资的基数是 3000×70%，符合法规。

再次，2011 年 12 月 16～19 日，其中 17 日和 18 日两天是双休日，按规定是应该剔除的。所以，核算小李的病假工资的实际天数应该是 2 天，其病假工资是：

3000×70%÷21.75×70%×2=135.17

最后，算出小李的 12 月份工资应该是：3000×（1－1÷21.75×2）+135.17=2859.31（元）

（三）婚假、护产假、丧假、探亲假假期工资核算的操作办法

婚假、男员工护产假、丧假、探亲假等假期的工资核算比较简单，按基本工资核算即可。

核算示例：

小肖在2011年5月1～10日休婚假。小肖月薪6000元，无其他补助和补贴。

核算小肖5月份的工资。

解答：

在2011年5月1～10日，5月1日是法定休假日，也是双休日，故2日是补休日；7日、8日也是双休日。因此，小肖的10天婚假里，6天是按婚假假期工资核算，其他都是带薪休假。所以，小肖的5月份工资是：

$$6000\times(1-30\%\div21.75\times6)=5503.45\text{（元）}$$

注意：6天按照假期工资支付的计算中，假期工资基数是6000×70%，等于扣除6天日工资的30%。

假期工资计算基数，如果在劳动合同中有约定则按照约定数量，那就不是6000元。

其他的如护产假、丧假、探亲假的假期工资核算与上述示例一样操作。

五、女工“三期”工资的核算

女工“三期”期间的假期工资核算，也是依据国家和当地政府规定的操作。

> 中华人民共和国人口与计划生育法
>
> 第二十六条　妇女怀孕、生育和哺乳期间，按照国家有关规定享受特殊劳动保护并可以获得帮助和补偿。

核算示例：

小王是上海BN公司工作了近三年的女技术员，月工资标准是5000元，公司还以实际出勤天数给予10元/天的交通补贴、10元/天的午餐补贴。2009年小王怀孕，一直工作到2010年5月17日向公司提出请病假，提前回老家生孩子。

6月12日，小王难产，并且有惊无险地喜获女孩。公司根据规定，加上小王属于晚婚晚育，告知小王可以休产假共150天，产假到期日期是2010年11月8日。

核算小王5月份、6月份和7～11月份的工资。

解答（这里以上海市的相关法规规定的内容核算）：

（1）小王2010年5月1～16日为正常上班，应按出勤工资核算，从17日起请病假，应按照病假工资核算办法处理。根据相关规定可以休产前假15天，6月12日往前推，5月29～31日是产前假，其工资可以按5000的80%核算。5月份的工资就由三部分组成，即：部分出勤工资（加交通和午餐补贴）、部分病假工资和部分产前假工资。

（2）6月1～11日为产前假，其工资按5000的80%（按天数算）核算，12～30日可以按照产假工资规定办法核算，应该是全额工资。

（3）7～10月份的工资都是按全额工资5000元核算。

如果BN公司为小王办理和缴纳了社会保险，可以自小王生产之后，准备好必备的申

请材料，为小王申领生育津贴，则 BN 公司就可不支付小王的产假工资。但是，如果小王的工资高于当地社会月平均工资标准 300% 的，生育津贴只按 300% 计发，低于其全额工资的部分由公司补足。

产假工资是按正常出勤工资计发，而不是按基本工资计发。

六、年终奖的核算

关于年终奖是否需要兑现，没有相关法规加以硬性规定。但企业务必在三类文件里明确约定和规定：第一类文件是劳动合同；第二类文件是集体合同；第三类文件是企业规章制度。如果上述三类文件里没有任何关于年终奖发放的明确约定和规定，则按照企业内部同工同酬的原则和企业的一贯做法来判断，由不得企业单方面说了算。

核算示例：

小孟的劳动合同期限是两年，从 2009 年 1 月 2 日至 2010 年 12 月 31 日。劳动合同中有关年终奖的约定条款有好几条，其中一条是："甲乙双方任何一方提出解除劳动合同，或终止劳动合同不续签时，本公司均不支付年终奖。"

到了 2010 年 12 月 31 日，公司没有同意小孟续签合同。在办理离职手续时候，小孟认为劳动合同中的关于年终奖的条款属于公司单方面强词夺理的条款，要求公司支付年终奖，而公司人力资源管理者的回答是："没有年终奖，是劳动合同清楚写明的。"

协商不成，小孟向仲裁委提出劳动争议仲裁申请，最终，小孟还是没有获得年终奖。

解答：

案例中公司与小孟订立的劳动合同中有关年终奖的具体约定，看似条款很霸道，但也没有违法，故原劳动合同条款有效。所以，小孟离开公司时，是不能享受年终奖的。

七、"做六休一"制度的工资结构设计

目前还有一些企业在实行"做六休一"制度。所谓"做六休一"，就是每周工作六天，每天工作 8 小时，每周休息 1 天。从工作时间上看，符合《劳动法》第三十八条的规定"用人单位应当保证劳动者每周至少休息一日"，是合法的。

"做六休一"的问题引发争议，不是因工作时间，而是在企业支付劳动报酬的操作方法上没有做好设计。

现在通过解答本子项目案例引导中的案例 1，介绍如何通过薪酬结构设计来规避"做六休一"的加班费争议。

DX 公司被要求支付小赵的周六加班工资，是因为以下原因：

（1）小赵存在每周工作 6 天，每天工作 8 小时，每月工时至少 25 天，大于国家规定平均工作日 20.83 天/月的标准；

（2）小赵劳动合同的工作时间写的是"标准工时制"，应该是每周工作 5 天，每天 8 小时，实际工作时间与劳动合同约定时间不符，且实际工作时间存在延时工作事实；

（3）小赵的劳动报酬并没有真实反映周六加班费的支付事实。

所以，DX 公司需要支付小赵的周六工资。

"做六休一"企业的工资结构设计，可以按下面办法进行：

（1）确定月薪工资标准的结构，例如：“基本工资 + 周六加班费 + 补贴”。这里关键是要确定基本工资的比例，结合本案例，假设基本工资为60%。

（2）将不同层级员工的月薪工资标准都按照标准工资结构进行分解和套用。

（3）在员工的劳动合同中写明工资结构的各个组成部分及其具体数额。

（4）在员工工资单（条）上单列一项“周六工资”项，以示公司实际已经支付。

若小赵的月工资标准是2500元/月，那么他的工资结构就可以设计为：

1500（基本工资）+552（周六工资）+448（补贴）=2500（元）

其中，周六工资的计算公式是：1500÷21.75×2（倍）×4（天）=551.72（元）

补贴的金额是通过倒算出来的：2500－1500－552=448（元）

根据月工资标准的结构设计，将劳动合同的约定调整如下：

“第八条　本合同的工资计发形式为：计时形式”。

“（1）乙方通过试用期试用，并证实符合录用条件的，转正后月工资总额为：2500元/月。”

“（2）乙方转正后的工资结构为：基本工资：1500元/月；周六上班加班费552元/月；补贴工资：248元/月；绩效工资：200元/月（浮动工资）。”

根据月工资标准的结构设计，工资表及工资条的制作也要做出相应的调整，目的是能够证明周六工资已经支付的事实。具体如表3－20所示。

表3－20　　**20____年____月份在职员工工资条**　　单位：天、元/月

序号	姓名	工资标准					应出勤22天			加班时间		出勤工资	绩效工资及其他	加班费		应付工资
		基本工资	周六工资	绩效工资	其他	总额	实出勤	事假	病假	平时(H)	双休(H)			平时	双休	
1	小赵	1500	552	200	248	2500	22				32	1500	448	0	552	2500

通过上述一系列的几个口径统一的调整，公司的一贯做法才能落实到合法的轨道上。假如不是这样，即便是当初双方都明白2500元/月是含了周六工资的，但只停留在口头上和心里面，双方都拿不出事实依据，最后还是公司败诉，需要支付小赵周六的工资。

但是，以东莞市最低工资标准1310元为例，如果企业实行“做六休一”，而月基本工资标准为1700元/月，说已经包含了周六工资，那么，这就“违法”了。

八、社会月平均工资和最低工资标准在核算工资时的应用

1. 社会月平均工资

各地政府每年度的某个时间段都会发布社会月平均工资数据，这些数据事关企业的社会保险缴费基数、公积金缴费基数、生育津贴发放、经济补偿金支付等很多人事事务性工作的具体操作。

（1）劳动者个人月收入超过社保缴费上限时，社保缴费基数按上限标准执行；个人

收入低于下限的，社保缴费标准按下限执行。

（2）劳动者个人月收入超过公积金缴费上限时，公积金缴费基数按上限标准执行；个人收入低于下限的，公积金缴费标准按下限执行。

（3）女工的生育津贴一般也有上限和下限的规定。生育津贴的数值按企业为该女工缴纳社会保险时的基数为准。

（4）企业在支付经济补偿金时，当劳动者的月总收入超过本地区社会月平均工资的三倍时，向其支付经济补偿的标准按社会月平均工资三倍的数额支付。

2. 最低工资标准

关于企业支付劳动者的劳动报酬，有最低工资标准的限制，而最低工资标准的数值是根据各地政府规定执行的。

（1）月工资总收入不得低于最低工资标准；

（2）加班费计算的基本工资基数不得低于最低工资标准；

本子项目中案例引导2就涉及这个问题。解答如下：

根据加班费支付管理规定，加班费的计算基数不得低于最低工资标准；同时，根据计件工资的加班费核算时，比例相应调整的规定，赵亮的加班费应该是：1310 ÷ 21.75 ÷ 8（小时）×1.5（倍）×30（小时）+100（件）×7（元/件）×1.5（倍）= 1388.8（元）

（3）非全日制用工的小时工资不得低于最低工资标准；

（4）特殊用工的工资不得低于最低工资标准；

（5）试用期工资可以约定为转正工资的80%，但不得低于最低工资标准。

九、工资明细表及汇总表的制作

（一）企业实行标准工时制的工资表制作

表3-21 **20___年___月份在职员工工资表** 单位：天、元/月

序号	姓名	银行卡号	月工资标准				考勤记录			加班时间			出勤工资A	绩效工资B	加班费			补贴/津贴			应付工资F	代缴代扣				实发工资K
			基本工资	绩效工资	其他	总额	出勤	事假	病假	平时	双休	法定			平时C	双休D	法定E	餐费	交通	通讯		个税G	社保H	公积金I	小计J	
1			D5	E5	F5	G5	H5	I5	J5	K5	L5	M5	N5	O5	P5	Q5	R5	S5	T5	U5	V5	W5	X5	Y5	Z5	AA5
…																										
本页合计																										

制表日期： 制表人： 审核批准：

制表说明：

1. 在Excel文档中按表3-21的格式制作成一份空表。

2. 在“序号1”的一行里，在需要设置计算公式的空格内，按下列方法填写计算

公式。

（1）“月工资标准”一栏，分别填入公司与劳动者订立的劳动合同中约定的基本工资、绩效工资、其他（例如岗位津贴、技术津贴等）和总额。

（2）“考勤记录”一栏，分别填入经过劳动者确认的出勤天数，有请假的则填入事假、病假等天数，没有请假则为零。

（3）“加班时间”一栏，分别填入平时加班时间、双休加班时间和法定假加班时间（单位是小时），没有加班则为零。

（4）“出勤工资”的计算公式：A = 月工资标准 - 缺勤（事假）工资 + 病假工资。可以在表格中设置计算公式：

A（N5） = （D5 + F5） - （D5 + F5） ÷21.75 × （I5 + J5） + D5 ÷21.75 × P% × J5（其中，P% 根据劳动者的工龄按享受病假规定比例填入）。

（5）“绩效工资”一栏，即 B（O5），可根据各个部门经理对劳动者实际绩效考核结果对应的奖惩兑现结果填入。

（6）“加班费”一栏，计算公式可以设置为：

平时加班费 C（P5） = D5 ÷21.75 ÷8 ×1.5 × K5；

双休加班费 D（Q5） = D5 ÷21.75 ÷8 ×2 × L5；

法定假加班费 E（R5） = D5 ÷21.75 ÷8 ×3 × M5。

（7）“补贴/津贴”一栏，如果是固定的，则直接填入。若企业是按出勤天数核计的，则设置以下计算公式：

餐费（S5） = W × H5（其中，W 为企业规定的每人餐费补贴标准）；

交通费（T5） = Y × H5（其中，Y 为企业规定的每人交通费补贴标准）。

（8）“应付工资”一栏，可以设置计算公式：应付工资 = 出勤工资 + 绩效工资 + 加班费 + 补贴/津贴，即 F（V5） = N5 + O5 + P5 + Q5 + R5 + S5 + T5 + U5。

（9）“代缴代扣”一栏，一般为个税、社会保险和公积金，可以设置计算公式，分别如下：

个税 G（W5） = ROUND（MAX（（V5 - X5 - Y5 - 3500） ×0.05 × {0.6，2，4，5，6，7，9} -5 × {0，21，111，201，551，1101，2701}，0），2）；

社保 H（X5） = 个人社保缴纳数额；

公积金 I（Y5） = 个人公积金缴纳数额；

代缴代扣小计 J（Z5） = 个税 + 社保 + 公积金 = W5 + X5 + Y5。

（10）“实发工资”一栏，可以设置计算公式：实发工资 = 应付工资 - 代缴代扣，即 K（AA5） = V5 - Z5。

3. 可以利用 Excel 文档的“拖动”功能，将每个计算公式复制到下一行。

4. 依次输入员工姓名、银行卡号、月工资标准、考勤记录（含出勤天数、事假天数、病假天数）、加班时间、绩效工资、社保和公积金等具体数据。

5. 由于事前已经设置了计算公式，因此，当输入完毕这些数据后，工资表中的出勤工资、加班费、补贴/津贴、应付工资、个税和实付工资，电脑都将自动核算出来。

6. 利用 Excel 的“Σ”功能，进行该部门人员工资的各项合计（即“本页合计”

行）。

7. 填写制表时间、制表人、共几页、第几页。

8. 同理，用复制的方式制作企业其他部门的工资表。

9. 检查保存。

如果企业是实行“做六休一”制度，那么工资表的制作就在月工资标准中加一栏“周六工资”，而加班费中的“双休”一栏的数据就等于“周六工资”。

（二）工资汇总表的制作

表 3－22　　20 ____ 年 ____ 月份在职员工工资发放汇总表　　单位：天、元/月

序号	部门	在职人数	工资标准	出勤工资	绩效工资	加班费	补贴/津贴				应付工资	代扣代缴				实发工资
							餐费	交通	通讯	其他		个税	社保	公积金	小计	
1	市场部															
2	生产部			S1	S2	S2 + S4	S5	S6	S7		S8	S9	S10	S11	S12	S13
3	质量部															
4	采购部															
5	技术部															
6	财务部															
7	人事部															
8	其他															
总合计		C13	D13										N13	O13		

制表日期：　　　　　　　　制表人：　　　　　　　　审批标准：

制表说明：

（1）按照表 3－22 的格式，制作一个空白表；

（2）利用 Excel 的功能，自动读取“总合计”一栏的数值；

（3）用 Excel 的“Σ”功能，计算出整个公司本月工资发放的总合计数；

（4）检查存档。

项目四　超市营业体验

【知识目标】

强化超市理货方面的相关知识、超市收银方面的知识、超市防损方面、超市促销和作为超市店长需要掌握的知识。

【能力目标】

能够完成超市理货岗位的基本工作；能够完成超市收银岗位的基本工作；能够完成超市防损岗位的基本工作；能够完成超市促销岗位的基本工作；能够完成超市店长一天的基本工作。

超市正常营业一般需要理货、收银、防损、促销和店长等岗位员工的相互配合。理解并掌握这些岗位的工作职责、工作流程和工作内容，是做好这些工作的前提。本项目就要求学生通过亲身体验的方式来理解并掌握这部分内容，以为将来胜任相应岗位的工作做好准备。

任务一　理货岗位体验

理货员的工作包括领货作业、标价作业、变价作业、商品陈列作业、补货作业等，这些作业需要理货员进行合理的安排，并在兼顾服务好顾客的同时完成。理货员的工作流程如图 4－1 所示。

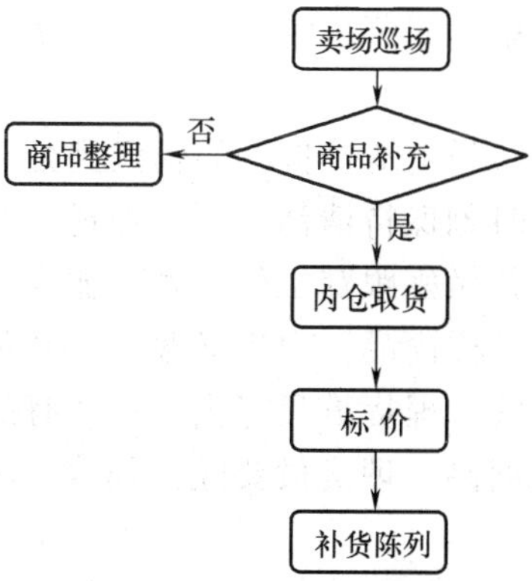

图 4－1　理货员的工作流程

【案例引导】

从理货员一天的工作流程看员工管理

在零售店铺中有这样一类人，他们掌握所属商品部门中商品的品名、属性、规格、价格水平以及保质期，哪里缺货哪里就能看到他们的身影。这就是理货员，在卖场中，他们与收银员一样都是最基层的工作人员。但在一定意义上，他们代表着超市的形象，是影响超市商品销售额的重要因素。

2007年2月3日早上7点，北京超市发双榆树店理货员小韩，推上自行车从家里出来，到路边的小摊买个煎饼果子，也来不及吃，一路猛蹬，径直奔往单位。7点30分，小韩就到单位了，这离上班时间整整早到了20分钟。由于离家远，害怕迟到，迟到三次这个月奖金就没了，小韩已经养成了早起、早到的习惯。20分钟后，超市开门了，打卡签到，更换工作服，佩戴上工作牌后就开始打扫卫生，准备迎接顾客。超市8点正式对外营业。按检查记录进行大量的补货；保持排面整齐，依次向前递补，把新补充的商品放在后面；做到商品正面面向顾客。缺货时及时补货，补货按照有关补货作业的流程及规章进行。

检查货签是否对位，有变价的商品与价格是否相符，所贴条码是否正确，摆放位置是否正确，货架上商品有无缺货状况，有无破损品或过期变质品，这些都做详细检查并记录下来。看看自己的辖区内商品无破损，无变质。作为一名老员工，这一流程小韩已驾轻就熟了。

怎样做好一个超市理货员，看似工作简单。掌握商品陈列方法和技巧，正确对商品进行陈列摆放，其中的学问可不小。商品陈列必须根据季节性商品、促销类商品、畅销商品、毛利率高低等特性，采取合理有效的陈列方法和根据多种商品陈列的原则进行陈列；遵照零售店铺仓库管理和商品发货的有关程序，有秩序地进行领货工作。作为理货员还要对新商品的扩销问题有敏感的认识；市场流行商品和时令商品。对于折扣折让销售量大商品、团购量大商品、需采购大批量商品、搞好市场调查、掌握消费者需求等这些问题，要及时上报主管，制定新产品购销计划。

11点40分，两位先去吃饭的同事回来了，超市用餐时间是在11点到13点，由于超市要保证不空岗，5位上班的同事分开轮流用餐，每个人有45分钟的吃饭时间。由于集团里有食堂，小韩一般都去那里，四菜一汤，自助想吃多少吃多少，这对于体力活饭量大的小韩可谓莫大的帮助。

该补齐的货也完成了，小韩开始围着自己的辖区到处转转，看到有碎纸屑及空箱子等都把它收起来，通道地面要时刻保持清洁。同时他还担当了保安的角色。当发现有可疑人员，要及时报告安保人员并做好跟踪工作，发现偷窃人员时要交保安处理。另外就是收拾遗弃商品，顾客选好了某样商品，中途又改变主意的情况很多，能把商品放回原处的固然很好，没有放回原处的，理货员只好去归位，有的顾客甚至将楼上楼下的商品对调。对于这些被顾客遗弃的商品，理货员要随见随收，不分辖区，像这样的劳动小韩每天都要重复数百次。

临近下班时间，小韩到收银处收起当天顾客未结算的商品并办好有效手续，把未完成的事情和一天遇到的问题向上级领导汇报。

14点30分，小韩结束了一天的工作，晚班人员开始上班。

【实训任务】

根据理货员的工作职责、工作流程和工作内容完成一个营业日的超市工作，并填写理货工作自查表（表4-1~表4-3）。

表 4－1　　　　现货员自查表（营业前）

检查日期　　　年　　月　　日

时段	检查项目	是否完成	
		是	否
营业前	1. 服装干净整齐，佩戴好工号牌		
	2. 办理交接手续		
	3. 清洁整理货架		
	4. 清洁责任区		
	5. 清洁整理冷柜		
	6. 商品标价、补货		
	7. 清洁、整理商品		
	8. 核对价目牌		
	9. 整理补充必备物品：各种记录表和笔、干净抹布		
	10. 整理仓库		
	11. 检查冰箱温度		
商店：	签名：	日期：	班次：
注意：1. 工作完成时请在“是”栏打（√），否则在“否”栏打（×）。 2. 请签名后再下班。			

表 4－2　　　　现货员自查表（营业中）

检查日期　　　年　　月　　日

时段	检查项目	是否完成	
		是	否
营业中	1. 站立服务，礼貌待客，热情和蔼地回答顾客的询问		
	2. 检查 POP 张贴是否规范，书写是否规范		
	3. 巡视商场，手拿干净抹布，清洁货架		
	4. 整理货架商品		
	5. 检查冰箱温度		
	6. 冷藏冰箱内的商品陈列整理		
	7. 核对价目牌及商品标签价格		
	8. 厂商进货验货、上货架		
	9. 纸箱、空箱、空瓶收好		
	10. 冷藏冰箱内商品的定时补货		
	11. 冷藏冰箱内商品的不定时补货		
	12. 缺货的定时补货		
	13. 货架的不定时补货		
	14. 检视过期产品、变价、损耗商品		
	15. 记录过期产品、变价、损耗商品		
	16. 商品的安全管理		
商店：	签名：	日期：	班次：
注意：1. 工作完成时请在“是”栏打（√），否则在“否”栏打（×）。 2. 请签名后再下班。			

表 4－3　　　　　　　　　　　　　**现货员自查表（营业后）**

检查日期　　年　　月　　日

时段	检查项目	是否完成	
		是	否
营业后	1. 所有用品归位		
	2. 所有单据整理归位		
	3. 交接班读账、填写交接班日报表		
	4. 制服挂好，交代事项留言		
	5. 协助现场人员处理善后工作		
商店：	签名：	日期：	班次：
注意：1. 工作完成时请在“是”栏打（√），否则在“否”栏打（×）。 2. 请签名后再下班。			

要求：1. 理货员的工作自查表，必须由当班理货员填写，应按时进行，不得提早或延误，每天填写完成后交给店长；

2. 在填写自查表时，如“是”则在“是”栏打（√），否则在“否”栏打（×），无此项目则将两栏空置；

3. 在时段检查中“否”栏打（×）的部分，理货员还应填写“未完成工作登记表”。

【实训步骤】

1. 每位同学选择一个理货岗位，由超市熟练员工带领进行一天的理货工作
2. 回顾理货工作的相关知识
3. 填写理货前准备工作自查表
4. 参与理货工作，并填写理货工作中的自查表
5. 结束理货工作后，填写理货工作后的自查表并与“引领员工”讨论工作收获和不足
6. 完成并上交技能训练报告

实训报告格式

实训报告表

实训报告		
学号	姓名	时间
实训内容：	分数	
实训目的：		
实训步骤：		
实训总结：		
实训建议：		

【相关知识】

一、理货员的工作职责

卖场内每位工作人员均有其应负的工作职责，理货员负责营业场所内的商品管理，其工作如下：

（1）严格执行卖场服务规范，做到仪容端庄，仪表整洁，礼貌待客，诚实服务，严格遵守各项服务纪律。

（2）熟知产品或产品包装上应有的标志，以及自己责任区域内商品的基本知识，包括商品的名称、规格、等级、用途、产地、保质期限、消费使用方法和日常销量等。

（3）了解有关商业法规，熟知和执行卖场内的作业规范。

（4）掌握商品标价知识，能熟练地使用标价机，正确打贴价格标签（商品标签和统一的价目牌）。

（5）注意查看商品有效期，防止过期商品上架销售。

（6）了解卖场的整体布局和商品陈列的基本方法，熟知责任区域内的商品配置表，严格按照商品配置表正确进行商品的定位陈列，并随时对责任区域内的陈列商品进行整理。

（7）随时了解责任区域内商品销售的动态，及时提出补货建议，或者按操作规范要求完成领货和补货上架作业。

（8）要有强烈的责任心，注意商品安全，努力防止商品损坏和失窃，同时要了解治安防范要求。

（9）了解卖场内的主要设施的性能、使用要求与维护知识，能排除因使用不当而引进的小故障。

（10）保证商品、设备、货架与通道责任区的清洁。

（11）对顾客的合理化建议要及时记录，并向店长汇报。

（12）服从店长关于轮班、工作调动及其他工作的安排（如在营业高峰时协助收银台做好收银服务）。

二、理货员的作业流程

理货员的作业流程可分为营业前、营业中、营业后3个阶段。每个阶段的工作内容如下。

（一）营业前

（1）打扫责任区域内的卫生。

（2）检查购物车（篮）。

（3）检查劳动工具。

（4）查阅交接班记录。

（二）营业中

（1）巡视责任区域内的货架，了解销售动态。

（2）根据销售动态及时做好领货、标价补货上架、货架整理、保洁等工作。

（3）方便顾客购货，回答顾客询问，接受友善的批评和建议等。

（4）协助其他部门做好销售服务工作，如协助收银、排除设备故障等。

（5）注意卖场内顾客的行为，用温和的方式阻止顾客的不良行为，以确保卖场内的良好气氛和商品安全。

（三）营业后

（1）打扫责任区内的卫生。

（2）整理购物车（篮）。

（3）整理劳动工具。

（4）整理商品单据，填写交接班记录。

三、商品陈列作业

商品陈列作业是指理货员根据商品配置表的具体要求，将规定数量的标好价格的商品，摆设在规定货架的相应位置。

（一）商品陈列的原则

1. 显而易见的原则

商品的陈列要醒目，便于顾客选购。商品的摆放要能迅速引起消费者的注意，要使顾客一进卖场就能看到商品并看清商品。所以要给商品一个表现的机会，让每个商品正面朝外，增加露脸机会，就能增加销售机会；让商品各就其位，每一种商品都不能被其他商品挡住视线。货架底层不易看清的商品，可考虑倾斜式陈列突出商品。

2. 伸手可取原则

顾客对陈列商品产生了良好的视觉效果后，就有了触觉的要求，就会拿起来观察，对商品做出进一步的了解，最后做出购买与否的决定。因此，商品陈列在做到显而易见的同时，还应使得顾客摸得到，够得着，这是刺激顾客购买的重要环节。

3. 商品满货架陈列原则

在商品陈列中，不管是柜台还是货架，应显示出丰富性。从顾客心理学角度看，任何一名顾客都希望从丰富多彩的商品中挑选。美国一份连锁超市调查报告表明，商品陈列丰满的超市与非满陈列的超市相比，其销售量按照不同的商品可分别提高 14% ~ 130%，平均可提高 24%。

4. 先进先出原则

超市内商品，尤其是食品类商品，为了保持商品整体相对好的保质期，在补充商品时应依照先进先出的原则来进行。

（二）商品陈列的检查要点

（1）商品是否有灰尘；

（2）货架隔板、隔物板贴有胶带的地方是否弄脏；

（3）标签是否贴在规定位置；

（4）标签及价格卡上价格是否一致；

（5）POP 是否破损；

（6）商品最上层是否太高；

（7）商品是否容易拿取、容易放回原处；

（8）上下隔板之间是否间距适中；

（9）商品陈列是否做到先进先出；

（10）商品是否做好前进陈列；

（11）商品是否快过期或接近有效期；

（12）商品是否有破损、异味等不适合销售的状态存在。

四、标价作业

标价是指将商品代码和价格以标签方式粘贴于商品包装上的工作。每个上架陈列的商品都要标上价格标签，以利于顾客识别商品价格；也有利于商店进行商品分类、收银、盘点及订货作业。标价作业的具体要求体现在以下几个方面。

1. 标签的类型

目前商店的价格标签有 4 种类型：

（1）部门别标签：表示商品部门的代号及价格，通常适用于日用杂品和规格化的日配品。

（2）单品别标签：表示单一商品的货号及价格，这种标签尤其适合于超市内的生鲜食品，可分为称重标签和定额标签。

（3）店内码标签：表示每一商品的店内码和价格，也可分为称重标签和定额标签。

（4）纯单品价格标签：只表示每种商品的单价，无其他号码。

商品部门别标签、单品别标签和店内码标签，一般都可用条形码的形式很快地通过计算机来设计和制作。此时标价作业的重点是“对号入座”，而对那些仍需用价码机来标价的商店，就必须强调手工操作了。

2. 标签打贴的位置

（1）一般商品的标签位置最好打贴在商品正面的右上角（因为一般商品包装右上角无文字信息），如右上角有商品说明文字，则可打贴在左上角。

（2）罐装商品，标签打贴在罐盖上方。

（3）瓶装商品标签打贴在瓶肚与瓶颈的连接处。

（4）礼品尽量使用特殊标价卡，最好不要直接打贴在包装盒上，可以考虑使用特殊展示卡，因为送礼人往往不喜欢受礼人知道礼品的价格，购买礼品后他们往往会撕掉其包装上的价格标签，由此可能会损坏外包装，破坏商品的包装美观，从而导致顾客的不快，这要求理货员应从细微之处为顾客着想。

3. 标价作业应注意事项

（1）一般来说，商店内所在商品的价格标签位置应是一致的，这是为了方便顾客在选购时对售价进行定向扫描，也是为了方便收银员核价。

（2）打价前要核对商品的代号和售价，核对领货单据和已陈列在货架上商品的价格，调整好打价机上的数码，先打贴一件商品，再次核对无误后可打贴其余商品。同样的商品上不可有两种价格。

（3）标价作业最好不要在卖场中进行，以免影响顾客购物。

（4）价格标签纸要妥善保管。为防止不良顾客偷换标签，即以低价标签贴在高价格商品上，通常可选用仅能一次使用的、有拆线的标签纸。

商品的标价作业随着 POS 系统的运用，其工作性质和强度会逐渐改变和降低，重点会朝向正确摆放标价牌的方向发展。

五、变价作业

变价作业是指商品在销售过程中，由于某些内部或外部环境因素的变化而进行调整原销售价格的作业。

1. 变价的原因

变价的原因可分为两种。

（1）内部原因：如促销活动的物价、企业总部价格政策的调整、商品质量有问题或快到期商品的折价销售等。

（2）外部原因：如总部进货成本的调整、同类商品供货商之间的竞争、季节性商品的价格调整、受竞争店价格的影响及商店顾客的反应等。

2. 变价作业应注意事项

变价作业不论由何种原因引起，一般都由连锁企业总部采购部门负责，采购部门会将变价的通知及时传达到各个商店，而商店理货员在整个变价过程中应注意以下几个方面。

（1）在未接到正式变价通知之前，理货员不得擅自变价。

（2）正确预计商品的销量，协助店长做好商品变价的准备。

（3）做好变价商品标签的更换，在变价开始和结束时都要及时更换商品的物价标牌及贴在商品上的价格标签。

（4）做好商品陈列位置的调整工作。

（5）要随时检查商品在变价后的销售情况，注意了解顾客和竞争者的反应，协助店长做好畅销变价商品的订货工作及由于商品销售低于预期而造成商品过剩的具体处理工作。

3. 变价时的标价作业

商品价格调整时，如价格调高，则要将原价格标签纸彻底清除，重新标价，以免顾客产生抗衡心理；如价格调低，可将新的标价打在原标价之上。每件商品上不可有两个不同的价格标签，这样会招来不必要的麻烦和争议，也往往会导致收银作业的错误。

六、补货作业

补货作业是指理货员将标好价格的商品依照商品各自既定的陈列位置，定时或不定时地补充到货架上的作业。所谓定时补货是指理货员在每班上岗前或非营业高峰时的补货。所谓不定时补货是指只要货架上的商品即将售完，就立即补货，以免造成由于缺货而影响销售。商品补货的原则有以下 3 个：

（1）要根据商品陈列配置表，做好商品陈列的定位化工作；

（2）严格按照连锁企业总部所规定的补货步骤进行商品补货；

（3）注意整理商品排面，以呈现商品的丰富感。

任务二　收银岗位体验

现金管理是非常重要的，必须谨慎行事。商店的全部工作最终要在收款机前实现。收款机是为收款和记录商店销售情况而设立的，其仅有的产品是现金与现金代用品，如支票、优惠券、购物卡等，有一定的特殊性。收银员品格必须是诚实、有责任心、快捷与友善的。收银岗位容易出现的差错主要有：收银差错（盈余或亏空）、收到假币、退货不实、价格数值输入错误、亲朋好友结账少输入、内外勾结逃避结款、少找顾客钱、直接偷钱。

【实训任务】

根据收银员的工作流程和工作内容完成一个营业日的超市收银工作，并填写收银工作自查表（表4－4～表4－6）。

表4－4　　收银员自查表（营业前）

检查日期　　年　　月　　日

<table>
<tr><td rowspan="2">时段</td><td rowspan="2" colspan="2">检查项目</td><td colspan="2">是否完成</td></tr>
<tr><td>是</td><td>否</td></tr>
<tr><td rowspan="16">营业前</td><td rowspan="4">清洁、整理收银作业区</td><td>收银作业区的地板清扫</td><td></td><td></td></tr>
<tr><td>清空垃圾桶</td><td></td><td></td></tr>
<tr><td>收银台前头柜</td><td></td><td></td></tr>
<tr><td>购物车（篮）放置处</td><td></td><td></td></tr>
<tr><td rowspan="5">整理补充必备的物品</td><td>所有尺寸的购物袋、吸管、剪刀</td><td></td><td></td></tr>
<tr><td>各种记录本和笔</td><td></td><td></td></tr>
<tr><td>干净抹布</td><td></td><td></td></tr>
<tr><td>空白收银纸及空白统一发票</td><td></td><td></td></tr>
<tr><td>“暂停结账”牌和装钱布袋</td><td></td><td></td></tr>
<tr><td colspan="2">整理、补充所售商品（收银台前货架），核对价目牌</td><td></td><td></td></tr>
<tr><td colspan="2">认领备用金并清点确认（包括各种币值的纸币与硬币）</td><td></td><td></td></tr>
<tr><td rowspan="3">检查营业用的收款机</td><td>发票存根联及收银联的装置是否正确</td><td></td><td></td></tr>
<tr><td>收款机的大类键、数字键是否正确，日期是否正确</td><td></td><td></td></tr>
<tr><td>机内的程序设定是否正确，各项统计数值是否归零</td><td></td><td></td></tr>
<tr><td colspan="2">检查服饰仪容，佩戴好工牌</td><td></td><td></td></tr>
<tr><td colspan="2">了解当日的变价商品和特价商品（可做适当记录以便于查找）</td><td></td><td></td></tr>
<tr><td>商店：</td><td>签名：</td><td>日期：</td><td colspan="2">班次：</td></tr>
<tr><td colspan="5">注意：1. 工作完成时请在“是”栏打（√），否则在“否”栏打（×）。
2. 请签名后再下班。</td></tr>
</table>

表 4－5　收银员的作业执行自查表（营业中）

<table>
<tr><th rowspan="2">步骤</th><th rowspan="2">收银标准用语</th><th rowspan="2">配合动作</th><th colspan="2">是否合规</th></tr>
<tr><th>是</th><th>否</th></tr>
<tr><td>1. 欢迎顾客</td><td>欢迎光临</td><td>面带笑容，与顾客的目光接触
等待顾客将购物车（篮）里或手中的商品放至收银台上
将收款机的活动荧屏面向顾客</td><td></td><td></td></tr>
<tr><td>2. 登记商品</td><td>逐项审视每项商品的金额</td><td>以左（右）手拿取商品，并确定该商品的售价及类别代号是否无误
以右（左）手按键，将商品的售价及类别代号正确地登记在收款机内（可直接扫描的不用按键）
登记完的商品必须与未登记的商品分开放置，避免混淆
检查购物车（篮）底部是否还留有商品未结账</td><td></td><td></td></tr>
<tr><td>3. 结算商品总金额，并告知顾客</td><td>总共××元</td><td>将空的购物车（篮）从收银台上拿开，叠放在一旁
趁顾客取钱时，先行将商品入袋，但是在顾客拿现金付账时，应立即停止手边的工作</td><td></td><td></td></tr>
<tr><td>4. 收到顾客支付的金钱</td><td>收您××元</td><td>确认顾客支付的金额，并检查是否为假钞
若顾客未付账，应礼貌性地重复一次，不可表现出不耐烦的态度</td><td></td><td></td></tr>
<tr><td>5. 找钱给顾客</td><td>找您××元</td><td>找出金额正确的零钱（输入收到的金额，会显示应找的余额）
将大钞放下面，零钱放上面，双手将现金连同收银条一并交给顾客
待顾客无疑问时，立刻将磁盘上的现金放入收款机的抽屉内并关上</td><td></td><td></td></tr>
<tr><td>6. 商品入袋</td><td>请您拿好</td><td>根据入袋原则，将商品依序放入购物袋内</td><td></td><td></td></tr>
<tr><td>7. 诚心感谢</td><td>谢谢！再见</td><td>一手托着购物袋的底部，另一手握着购物袋交给顾客
确定顾客拿稳后，才可将双手放开
确定顾客没有遗忘购物袋
面带笑容，目送顾客离开</td><td></td><td></td></tr>
<tr><td colspan="5">商店：　　　　签名：　　　　日期：　　　　班次：</td></tr>
<tr><td colspan="5">注意：1. 工作完成时请在“是”栏打（√），否则在“否”栏打（×）。
2. 请签名后再下班。</td></tr>
</table>

表4－6　　收银员作业自查表（营业后）

<table>
<tr><th rowspan="2">时段</th><th rowspan="2" colspan="2">检查内容</th><th colspan="2">是否完成</th></tr>
<tr><th>是</th><th>否</th></tr>
<tr><td rowspan="7">营业后</td><td colspan="2">1. 整理作废的收银条</td><td></td><td></td></tr>
<tr><td colspan="2">2. 结清账款，填制清单</td><td></td><td></td></tr>
<tr><td colspan="2">3. 在他人的监督下把钱装入钱袋</td><td></td><td></td></tr>
<tr><td rowspan="4">晚班员工</td><td>1. 整理收银作业区</td><td></td><td></td></tr>
<tr><td>2. 关闭收款机电源并盖上防尘罩</td><td></td><td></td></tr>
<tr><td>3. 擦拭购物车（篮），并放在指定位置</td><td></td><td></td></tr>
<tr><td>4. 协助现场人员处理善后工作</td><td></td><td></td></tr>
<tr><td colspan="5">商店：　　签名：　　日期：　　班次：</td></tr>
<tr><td colspan="5">注意：1. 工作完成时请在“是”栏打（√），否则在“否”栏打（×）。
2. 请签名后再下班。</td></tr>
</table>

要求：1. 收银员的工作自查表，必须由当班收银员填写，应按时进行，不得提早或延误，每天填写完成后交给店长；

2. 在填写自查表时，如“是”则在“是”栏打（√），否则在“否”栏打（×），无此项目则将两栏空置。

3. 在时段检查中“否”栏打（×）的部分，收银员还应填写“未完成工作登记表”。

【实训步骤】

1. 每位同学选择一个收银岗位，由超市熟练员工带领进行一天的收银工作
2. 回顾收银工作的相关知识
3. 填写收银前准备工作自查表
4. 参与收银工作，并填写收银工作中的自查表
5. 结束收银工作后，填写收银工作后的自查表并与“引领员工”讨论工作收获和不足
6. 完成并上交技能训练报告

实训报告格式

实训报告表

实训报告		
学号	姓名	时间
实训内容：	分数	
实训目的：		
实训步骤：		
实训总结：		
实训建议：		

【相关知识】

一、收银员的工作流程

收银员的作业流程可分为营业前、营业中、营业结束后三个阶段。

1. 营业前的准备工作

（1）开门营业前打扫收银台和责任区域。

（2）认领备用金并清点确认。

（3）检验营业用的收款机，整理和补充其他备用品。

（4）了解当日的变价商品和特价商品。

（5）检查服饰仪容、佩戴好工号牌。

2. 营业中的工作

（1）遵守收银工作要点，为顾客做好结账服务。为顾客提供正确的结账服务，除了可以让顾客安心购物，取得顾客的信任之外，还可以作为企业计算其经营收益的基础，因而其正确性相当重要。在整个结账过程中，收银员必须做到三点，即正确、礼貌和迅速。其中迅速是以正确为前提的，而不只是追求速度。基本的结账步骤如下：欢迎顾客光临；登打收款机读出每件商品的金额；登打结束，报出商品金额总数；收取顾客金钱要唱票，如“收您200元”；找零时也要唱票，如“找您47元”。

（2）主动招呼顾客，对顾客要保持亲切友善的笑容，耐心地回答顾客的提问。

（3）发生顾客抱怨或由于收银结算有误导致顾客前来投诉交涉时，应立即与店长联系，由店长将顾客带至旁边接待与处理，以免影响正常的收银工作。

（4）等待顾客时，收银员可进行营业前各项工作的准备。

（5）在非营业高峰期间，应服从店长安排的其他工作。

（6）适时对顾客予以引导与提醒。

3. 营业结束后

（1）结清账款，填写清单。

（2）在其他工作人员的监督下把钱装入钱袋交给店长。

（3）引导顾客出店。

（4）整理收银作业区。

二、收银员的工作纪律

现金的收受和处理是收银员相当重要的工作之一，这也使得收银员的行为与品德格外引人注意。为了避免收银员受到不必要的猜疑与误会，也为了确保商店现金管理的安全，作为与现金直接打交道的收银员，必须遵守企业严明的作业纪律。

（1）收银员在营业时身上不可带有现金，以免引起不必要的误解和可能产生的公款私挪的现象。如果收银员当天拥有大额现金，并且不方便放在个人的寄物柜时，可请店长代为存放在店内保险箱里，并出具相应的书面证明。

（2）收银员在实行收银作业时，不得擅自离开收银台。收银台内现金、礼券、单据等重要物品较多，如果擅自离开，将使歹徒有机可乘，造成店内的钱财损失，而且可能引起等候结算顾客的不满抱怨。

（3）收银员应使用规范的服务用语。

（4）收银员不可利用收银职务的方便，以低于原价的收款登记到收款机，以图利于他人，或者内外勾结偷盗店内财物。

（5）在收银台上，收银员不可放置任何私人物品。因为收银台上随时都可能有顾客退货的商品或临时决定不购买的商品，如果有私人物品放在收银台上，容易与这些商品混淆，引起他人的误会。

（6）收银员不可随意打开收款机抽屉查看和清点现金。随意打开抽屉既会引人注目从而造成不安全的因素，也会使人对收银员产生怀疑。

（7）暂不使用的收银通道必须用链条拦住，如果不使用的收银通道开放，会使一些有不良企图的顾客不结账就将商品带走。

（8）收银员在营业期间不可看报与谈笑，看报和谈笑不仅容易疏忽店内和周围情况，导致商店遭受损失，而且会给顾客留下不佳的印象。因此，收银员要随时注意收银台前人员的出入情况和视线范围内卖场的情况，以防止和避免不利于企业的异常现象发生。

（9）收银员要熟悉商店的商品和特色服务内容，了解商品位置和商店促销活动，尤其是当前的商品变价、商品特价、重要商品存放区域及有关的经营状况等，以便顾客提问时随时做出正确的解答。同时收银员也可适时地主动告知顾客店内的促销商品，这样既能让顾客有宾至如归、受到重视的感觉，还可以提升商店的营业业绩。

三、商品装袋作业

将结算好的商品替顾客装入袋中，也是收银工作的一个环节，不要以为该动作是再容易不过的，如果此工作做得不好，往往会使顾客扫兴而归。例如：收银员将易压坏物品置于购物袋底层，就会招致顾客抱怨；又如：收银员将易破碎物品（如杯子）粗鲁地放在袋内，也会引起顾客对商店不好的评价。

收银员的商品装袋作业重点如下：

（1）根据顾客的购买量选择尺寸合适的购物袋。

（2）不同性质的商品必须分开入袋，如生鲜与干货类、食品与化学用、生食与熟食。

（3）掌握正确的装袋顺序：①硬与重的商品垫底装袋；②正方形或长方形的商品装入购物袋的两侧，作为支架；③瓶装与罐装的商品放在中间，以免受外在压力破损；④易碎品或较轻的商品置于袋内上方。

（4）冷冻品、豆制品等容易出水的商品和鱼、肉等容易流出汁液的商品，以及气味较重的食品，应先用其他包装袋包装妥当后再放入大的购物袋中，或者经顾客同意不放入大的购物袋中。

（5）确定附有盖子的物品都已经拧紧。

（6）装入袋中的商品不能高过袋口，以免顾客提拿不方便，一个袋装不下的商品可放入另一个袋中。

（7）确定商店的宣传物品及赠品已经放入顾客的购物袋中。

（8）入袋时应将不同顾客的商品分别放清楚，绝对要避免不是一个顾客的商品放入同一个袋中的现象。

（9）对购物袋装不下的体积过大的商品，要另外用绳子捆好，以方便顾客提拿。

（10）提醒顾客带走所有包装入袋的商品，防止其把商品遗忘在收银台上情况发生。

四、收银员暂时离开收银台的作业要求

当收银员由于某种正常原因必须离开收银台时，其作业管理如下：

（1）离开收银台时，要将“暂停收款”牌摆放在收银台上顾客容易看到的地方。

（2）用链条将收银通道拦住。

（3）将现金全部锁入收款机的抽屉里，钥匙必须随身带走或交店长保管。

（4）将离开收银台的原因和回来的时间告知邻近的收银员。

（5）应以礼貌的态度请后来的顾客到其他收银台结账，并为现有等候的顾客结账后方可离开。

五、收银员对内部员工购物的作业要求

员工购买店内商品有相应的管理办法：

（1）商店职工不得在上班时间购买本店的商品，其他时间在本店购买的商品，如要带入店内，其购物发票上必须有收银员的签名，还需要请店长加签姓名，这双重的签名是为了证明该商品是结过账的私人物品。

（2）本店职工调换商品应按商店规定的换货手续进行。不得私下调换，收银员不可徇私包庇，以避免员工因职务上的便利，任意取用店内商品或为他人图利。

（3）员工使用员工优惠购物券时，收银员应请员工在员工优惠购物券上签名，以示负责。

六、如何修正收银作业错误

收银员在作业时发生错误是难免的。常见的收银作业错误有：客户携带现金不足，临时要求当场退货；收银员本身的结账错误；结算单作废的处理等。

1. 客户携带现金不足，临时要求当场退货

（1）如顾客携带现金不够，不足以支付所选的商品时，可建议顾客办理相当于不足部分的商品退货。此时，应将已经打好的结算清单收回作废，重打商品结算单给顾客。

（2）至于收款机上的作废，通知店长或店长授权的组长来消除收款机上的数字。

（3）如顾客愿意回去取钱来补足时，必须保留与不足部分等值的商品，直至当班结束，而顾客支付的现金等值的商品可以在完成结算后让顾客先行拿回。

（4）如顾客因现金不足，临时决定不购买时，也不可以恶言相向，其作废结算单的处理程序与上述相同。

2. 收银员本身的结账差错

（1）发现结账错误，应先礼貌地向顾客致歉，并立即纠正。

（2）如发生结账价格多打时，应客气地询问顾客是否愿意再购买其他的商品，如顾

客不愿意，应将收银结算单作废重新登记。

（3）如收银结算单已经打出，应立即将打错的收银结算单收回，重新打一张正确的结算单给顾客。

（4）礼貌地请顾客在作废的结算单上签名，待顾客离去之后，在作废结算单记录本上登记，并立即请收银主管或店长签名作证。

3. 结算单作废的处理

按照规定对作废的结算单进行处理，可以避免收银员因此而发生的不良行为。

（1）每发生一张作废结算单，必须立即登记在作废结算记录本上，作废结算单上必须有顾客的签名，记录本上必须有收银员和店长两人的签名。作废结算记录本的格式为一式两联，一联同作废结算单转入会计部门，一联由收银部门留存。必须是一名收银员一本作废结算记录本（表4－7），以考核收银员的差错率等情况。

表4－7　　作废结算单记录本

作废结算单明细：　　　　年　　月　　日

作废单编号	金额	更正结算单编号	顾客签名及联系电话
作废原因			
备　　注			
收款机编号：		收银员签名：	店长审核：

（2）如作废结算记录本遗失，就不能办理结算单作废，应视为收银员的收银短缺，由收银员自己负责，这样可以防止收银员以记录本遗失为由徇私舞弊。如遇特殊情况可补办重领手续，所以作废结算单记录本最好是在收银员下班时交专人保管。

（3）所有作废结算单按规定的手续办理，必须在营业总结账之前办理，不可在总结账之后补办。这是收银员可能发生不良行为的补漏手法，要予以重视。

（4）如收款结账有其中一张发生错误，应将其余的结算单一起收回办理作废手续。

4. 金钱收付的差错

金钱收付的错误，不管是对收银员还是对顾客，都是不宜发生的。

（1）收银员在下班之前，必须先核对收款机内的现金、购物券和当日收入保险箱的大钞等营业总收入，与收款机内的累计总账进行核对，若两者不一致，其差额（不管是盈余不是短缺）超出一定金额时（可按各商店的收银管理的具体规定），应由收银员写出报告，说明盈余或短缺的原因。

（2）如发生营业收入短缺，应根据收银员的工作经验及收款机当日营业短缺金额，分析是人为还是自然因素造成的，决定该短缺金额应由收银员全赔或部分赔偿。

（3）如发生营业收入盈余，不管是什么原因，应由收银员支付同等盈余金额，因为营业收入中出现了盈余款，说明收银员多收了顾客的购物款，这是有损于收银员和企业形象的，可能导致顾客不愿再度光临的后果。

（4）收银员对当班收银的差错情况必须填写收银员结账作业评估表（表4－8），以说明原因。

表4－8　　收银员结账作业评估表

收款机编号	交班收银员	接班收银员	实收营业额	收银台营业额	差错	赔偿额
盈余或短缺原因						
备　注						
店长：　　　　　　　　年　　月　　日						

任务三　防损岗位体验

所谓商店损耗是指商店接收进货时的商品零售价与售出后获取的零售价之间的差额。例如：某商店收到了价值10000元的零售商品，完全售出后，商店只实现了9000元的收入，那么就存在着10%的损耗，商品的价值减少了1000元。损耗是由盗窃、损坏及其他因素共同引起的。行业内有统计数据显示，在各类损耗中，88%是由员工作业错误、员工偷窃和意外损失所导致的，7%是顾客偷窃，5%是供货厂商偷窃，其中尤其以员工偷窃所遭受的损失最大。

【实训任务】

了解商店商品损耗发生的原因，根据防损岗位的工作流程和工作内容完成一个营业日的超市防损工作，并填写防损工作自查表（表4－9～表4－11）。

表4－9　　现货员自查表（营业前）

检查日期　　年　　月　　日

时段	检查项目	是否完成	
		是	否
营业前	1. 检查水电的安全状态、超市的门窗是否有破损情况		
	2. 检查仓库的货物是否有破损和丢失情况		
	3. 检查超市的纸皮是否整理好，且纸皮里无任何商品		
	4. 检查其他员工是否将皮包等私人用品带入超市营业区域		
	5. 了解当天是否有供货商送货，掌握供货清单（件数）		
商店：	签名：	日期：	班次：

注意：1. 工作完成时请在“是”栏打（√），否则在“否”栏打（×）。
2. 请签名后再下班。

表 4－10　　　　　　　　　　**现货员自查表（营业中）**

检查日期　　年　　月　　日

时段	检查项目	是否完成	
		是	否
营业中	1. 引导顾客从入口进，出口出		
	2. 巡视其他员工不容易看到的死角区域和人多聚集之处		
	3. 监控供货商，检查供货商带出的空箱和纸袋等		
	4. 验核其他员工所购买的商品		
	5. 验核外送商品是否结账付款		
	6. 顾客边走边吃东西时，委婉地予以口头提醒，请其到收银台结账		
	7. 有团体客人结伴进店时，应主动上前服务或请相应区域的理货员配合监控		
商店：	签名：	日期：	班次：
注意：1. 工作完成时请在"是"栏打（√），否则在"否"栏打（×）。 2. 请签名后再下班。			

表 4－11　　　　　　　　　　**理货员自查表（营业后）**

检查日期　　年　　月　　日

时段	检查项目	是否完成	
		是	否
营业后	1. 检查门窗和水电是否都处于关闭状态		
	2. 检查仓库货物是否堆放整齐，这有利于次日发现偷窃情况		
	3. 检查收款机的现金柜是否清空并打开，以免偷窃者损坏收款机		
	4. 检查促销活动结束后的商品价格是否恢复原价		
	5. 协助现场人员处理善后工作		
	6. 对超市防损状况提出 5 条改进建议		
商店：	签名：	日期：	班次：
注意：1. 工作完成时请在"是"栏打（√），否则在"否"栏打（×）。 2. 请签名后再下班。			

要求：1. 防损员的工作自查表，必须由当班防损员填写，应按时进行，不得提早或延误，每天填写完成后交给店长。

2. 在填写自查表时，如"是"则在"是"栏打（√），否则在"否"栏打（×），无此项目则将两栏空置。

3. 在时段检查中"否"栏打（×）的部分，防损员还应填写"未完成工作登记表"。

【实训步骤】

1. 每位同学选择一个防损岗位，由超市熟练员工带领进行一天的防损工作
2. 回顾防损工作的相关知识
3. 填写防损前准备工作自查表
4. 参与防损工作，并填写防损工作中的自查表
5. 结束防损工作后，填写防损工作后的自查表并与“引领员工”讨论工作收获和不足
6. 完成并上交技能训练报告

实训报告格式

实训报告表

<table>
<tr><th colspan="3">实训报告</th></tr>
<tr><td>学号</td><td>姓名</td><td>时间</td></tr>
<tr><td colspan="2">实训内容：</td><td>分数</td></tr>
<tr><td colspan="3">实训目的：</td></tr>
<tr><td colspan="3">实训步骤：</td></tr>
<tr><td colspan="3">实训总结：</td></tr>
<tr><td colspan="3">实训建议：</td></tr>
</table>

【相关知识】

一、商店商品损耗的主要原因

1. 因收银员行为不当所造成的损耗

（1）打错商品的金额。

（2）收银员与顾客因私人关系而发生漏打、少算的情形。

（3）由于价格无法确定而错打金额。

（4）对收银工作不熟练、部门分类错误。

（5）对于未贴标签、未标价的商品，收银员打上主观臆测的价格。

（6）误打后的更正手续不当。

（7）收银员虚构退货并私吞现金。

（8）商品物价时期已过，但收银员仍以特价销售。

2. 因员工偷窃所造成的损耗

（1）随身夹带。

（2）皮包夹带。
（3）购物袋夹带。
（4）废物箱（袋）夹带。
（5）偷吃或使用商品。
（6）将用于顾客兑换的奖品、赠品占为己有。
（7）与亲友串通，购物未结账或少结金额。
（8）利用顾客未取的账单，作为废账单退货并私吞货款。
（9）将商品高价低标，卖给亲朋好友。
3. 因作业手续不当所造成的损耗
（1）商品调拨的漏记。
（2）商品领用未登记或使用无节制。
（3）商品进货的重复登记。
（4）漏记进货的账款。
（5）坏品未及时办理退货。
（6）退货的重复登记。
（7）销售退回商品未办理进货退回。
（8）商品有效期检查不及时。
（9）商品条形码标签贴错。
（10）新旧条形码标签同时存在。
（11）POP、价格卡与标签的价格不一致。
（12）商品促销结束后未恢复原价。
（13）商品加工技术不当产生损耗。
4. 因验收不当所造成的损耗
（1）商品验收时点错数量。
（2）商店员工搬入的商品未经点数，造成短缺。
（3）仅验收数量，未做质量检查所产生的错误。
（4）进货的发票金额与验收金额不符。
（5）进货商品未入库。
5. 因商品管理不当所造成的损耗
（1）未妥善保管进货商品的附赠品。
（2）进货过剩导致商品变质。
（3）销售退回商品未妥善保管。
（4）卖剩商品未及时处理，以致过期。
（5）因保存商品的场所不当，而使商品价值减损。
（6）因商品知识不足而造成商品价值减损。
（7）姑息扒窃行为。
6. 因顾客不当行为所造成的损耗
（1）随身夹带商品。

（2）皮包夹带。
（3）购物袋夹带。
（4）将偷窃来的商品退回，而取得现金。
（5）顾客不当的退货。
（6）顾客将商品污损。
（7）将包装盒留下，拿走里面的商品。
（8）调换标签。
（9）高价商品混杂于类似低价商品中，使收银员受骗。
7. 因供货商不当所造成的损耗
（1）误记交货单位（数量）。
（2）供货商套号，以低价商品冒充高价商品。
（3）混淆质量等级不同的商品。
（4）擅自夹带商品。
（5）随同退货商品夹带商品。
（6）换取商品时，调换不确实。
（7）暂时交一部分订购的货，而造成混乱。
（8）与员工勾结实施偷窃。
8. 因意外事件引进的损耗
（1）自然意外事件：水灾、火灾、台风和停电等。
（2）人为意外事件：抢劫、夜间偷窃和诈骗。
9. 因盘点不当所造成的损耗
（1）计数错误。
（2）看错或记错售价、货号、单位等。
（3）盘点表上的计算错误。
（4）盘点时遗漏品项。
（5）将赠品计入盘点表。
（6）将已经填妥退货表的商品计入。
（7）因不明负责区域而做了重复盘点。

二、防止商品损耗的具体工作

1. 客户出入的管理

客户入店购买，然后付款结账，携带货物出店，必须按照规定的路线。防损员要监控顾客的购物路线，确保拿着货物的顾客不要在入口出店。

2. 供货商出入管理

（1）供货商进入商店必须先向后场登记，或者领取出入证后方能进入。
（2）离开时经检查，交回出入证方可放行。
（3）供货商在卖场或后场更换坏品时，必须有退货单或先在后场取得提货单，且经部门主管批准后，方可退换。

（4）供货商送货后的空箱必须打开，纸袋则要扳平，以免偷带商品出店。

（5）供货商的车辆离开时，需要经商店工作人员检查后，方可离开。

3. 员工出入管理

（1）员工上下班，必须由规定的出入口出入。

（2）员工所携带的皮包，不得带入卖场或作业现场，应暂时存于员工休息室内。

4. 员工购物管理

（1）严禁员工在工作时间购物或预留商品。

（2）员工购物必须在规定的专门收银台进行结账。

（3）员工在上班休息时间或下班后所购物品不能带入卖场或作业现场，只能暂存于员工休息区的衣物柜。

（4）员工所购商品，应有发票和收银条，以备防损人员检查。

5. 收款机管理

（1）应避免收银员使用退货键或更正键，来消除已经登录商品的记录。

（2）收银主管必须注意各收银台的金额进度，如果发现异常情况要先停止该收银台，进行检查。

（3）新进收银员上机时务必由资深收银员陪同，防止由于紧张而发生错误。

6. 外卖外送商品的管理

（1）每日定时外送作业。

（2）由专人打印外送单，并清点好商品。

（3）由送货人员接手商品推至准备区。

（4）送到顾客处所时，清点给顾客并请顾客签收回执。

（5）顾客临时要求送货的，一定要先结账付款，将送货单由店长或防损员核准后，方可外送。

7. 生鲜商品管理

（1）生鲜商品有些需要当日售完，如鱼片、绞肉、活虾等。因此，对于此类商品在每日的销售高峰期之后，就要逐渐打折降价出售，以免成为坏品。

（2）生鲜商品管理人员应彻底执行翻堆工作，防止新旧生鲜商品混淆，鲜度下降。

（3）生鲜商品作业人员应尽量避免作业时间太长或作业现场湿度过高，使商品的鲜度下降。

（4）冷藏冷冻设备应定期检查，一般每月 3 次为宜。

（5）生鲜商品必须严格控制库存。

三、如何防止顾客偷窃

1. 偷窃的认定

偷窃行为不可以轻易判定，因为偷窃是一种危害社会的行为，其标准只能由执法机关予以判定，而企业是绝对无权自定义偷窃处罚标准的。因为一旦错抓，不仅伤害了顾客，而且会影响整个企业的形象，从而得不偿失。一般的偷窃行为有以下几种：

（1）存心不付款。

（2）带着未付款的商品走出店外。

（3）隐藏商品。

2. 顾客偷窃事件的处理方法

只有国家机关才能对小偷进行处罚，任何商店都没有处罚权。即使顾客真的偷东西了，商店也绝不能以非法手段对待“小偷”，擅自处罚。商店可以实施以下处理方法：

（1）在认定偷窃之前，仍要给予顾客有表示“购买”的机会。具体的办法是对隐藏商品的顾客说“您要××商品吗”“让我替您包装商品”等。若在收银台则可以说“您是否忘了付款”等，再一次提醒顾客“购买”。

（2）进一步提醒。如果提醒之后顾客仍无购买的意思，则要以平静的声音说“对不起，有些事情想请教您，请给我一点时间”，将其带入特别室，并做适当的处理。

（3）处理态度。在处理偷窃事件时，不要把顾客当作“窃贼”，讲话要冷静、自然，尽可能往顾客“弄错”的角度去引导其“购买”，不要以“调查”的态度来对待顾客，不要让店内的其他顾客有不愉快的感觉。

（4）误会的处理。如果误会了顾客，应向顾客郑重地表示道歉，并详细说明错误发生的经过，希望能获得顾客的理解，必要时应亲自到顾客家中致歉。

（5）对真正“小偷”的处理。一种方法是私下处理，省时省力，但要注意技巧与适法性；另一种方法是依法处置，或者将偷窃者送到公安机关接受处理；或者是向法院提起民事诉讼，要求偷窃者赔偿。尽管这样做很麻烦，但只有走合法程序才能完成企业对自身权益的合法保护。

3. 商店易发生偷窃的场所

（1）卖场的死角或看不见的场所。

（2）易混杂的场所。

（3）光线较暗的场所。

（4）通道狭窄的场所。

（5）商品陈列杂乱的场所。

4. 利用卖场布局加以防盗

统计数据表明，不论是百货商店还是超市，开架式销售商店中最容易丢失的商品种类主要集中在化妆品、洗发用品、香烟、电池、巧克力、服装/服饰（如羊绒衫、裘皮大衣、皮衣等）、CD/DVD 这类价格较高且方便携带的商品上。这类商品的丢失占商店损失的50%～70%。如果把它们有效保护起来，对减少损失有很大的帮助。因此，在企业商店的卖场布局与商品设计中，考虑商品防盗的需要，是商店整体设计中值得重视的一个问题。在开架式销售商店中，防盗的卖场布局与商品陈列的主要技巧有以下几种：

（1）把最容易失窃的商品陈列在售货员经常看到的地方，这样即使售货员很忙的时候，也能兼顾照看这些商品，增加小偷作案的难度，有利于商品的防盗。

（2）最容易失窃的商品不可放置在靠近出口处，因为人员流动大，售货员不易发现或区分偷窃者。

（3）可以采取集中的方式，如在大卖场当中把一些较易丢失、价格高的商品集中到一个相对较小的区域，形成类似“精品区”的购物空间，也是一种安全的商品陈列方式，非常有利于商品的防盗。

5. 顾客偷窃事件的防范

尽管偷窃是全球性的管理难题，但商店采取一些必要的防范措施，还是有一定成效的。

（1）禁止顾客携带大型背包或手提袋入内，请其存放于服务台或自动寄包柜。

（2）顾客携带小型背包袋入内购物时，应留意其购买行为。

（3）定期对员工进行防盗教育和培训。

（4）加强卖场巡视，尤其要留意死角和人多聚集之外。

（5）注意由入口处出去的顾客。

（6）顾客边走边吃东西时，应委婉地予以口头提醒，请其到收银台结账。

（7）有团体客人结伴入店时，店员应随时注意，有可疑情况时可主动上前服务。

（8）条形码纸要妥善保管，以免给人以可乘之机。

任务四　促销岗位体验

商店促销是指企业在商店卖场中运用各种广告媒体开展各种活动，向顾客传递有关商品服务信息，引起顾客购买行动而实现销售的活动。促销的本质是沟通信息、赢得信任、激发需求、促进购买和消费，其最终目的是为了实现销售、扩大销售，因此促销活动有别于企业其他的营销活动，它能产生一定的消费心理冲击。

【案例引导】

王洪的便利店终于上了正轨

王洪的便利店开业3个月以来，每天只有一点营业额，每个月的毛利在缴了市场管理费和商店租金后，就所剩无几了，几乎是在亏本经营。为此，王洪苦恼不已。

2004年春节，绝望的王洪到市里最大的超市买年货，发现该超市正在搞促销活动，很多商品都以特价出售。王洪做了好几个月的生意，对许多商品的价格了如指掌，他知道该超市促销产品卖的是零利润！这个价格不但没有一点利润，还要付出人工成本，这是什么道理呢?

看着超市里熙熙攘攘的顾客，王洪突然间明白了：大超市和大商场卖特价商品，并不是为了盈利，而是在靠低价吸引顾客！少数“特价商品不但可以吸引很多顾客上门，而且会让顾客产生这里所有的商品都比其他地方便宜”的错觉，从而对其他商品也产生购买的欲望。大部分顾客在购买特价商品的同时，都会买一些别的东西，而这就是大商场和超市的利润点！难怪很多商家总是热衷于特价促销！

王洪恍然大悟。他想，如果自己的小店也采用大超市的这种营销策略，不就能起死回生了吗？说干就干，王洪粗略地统计了一下店里所有商品的类别和数目，拿出了毛巾、袜子、纯净水和香烟等40种小商品来做特价促销品，这些促销品占所有商品的1/20左右。接着，在店门口立了一个醒目的告示牌，上面写着特价商品的种类和促销价。

当顾客半信半疑地走进他的便利店时，发现这里的特价商品果然比别家的价格低

20% ~30%。结果，王洪那天的生意比往常火爆得多，顾客像走马灯似的络绎不绝。一天下来，营业额竟是以前的十几倍！虽然卖出去的许多商品都是零利润，但附带着卖出去的其他商品数量也是平时的几倍。也就是说，王洪当天的利润也是平时的几倍。

王洪很快就发现，好的开始带来了连锁效应：他的东西卖得多，在批发商那里进货也多了，批发价格上就会有较大的优惠，因此，王洪的运作成本就变低了；商品看上去比别人的新，也就更有卖相。就这样，所有的环节都进入了良性循环状态。

【实训任务】

了解超市的销售状况，与店长协商选择几种商品进行促销，制定一份促销计划，根据促销岗位的工作流程和工作内容完成一个营业日的超市促销工作，并填写促销工作自查表（表4－12～表4－14）。

表4－12　　促销员自查表（营业前）

检查日期　　年　　月　　日

时段	检查项目	是否完成	
		是	否
营业前	1. 宣传单、海报、红布条、POP是否准备妥当		
	2. 是否通知超市的其他人员，特别是收银员		
	3. 促销商品是否已经订货或进货		
	4. 促销商品是否已经通知计算机部门进行变价手续		
	5. 是否明确当天的促销目标		
	6. 是否准备促销现场的音乐和重复播音的促销内容		
商店：	签名：	日期：	班次：
注意：1. 工作完成时请在“是”栏打（√），否则在“否”栏打（×）。 2. 请签名后再下班。			

表4－13　　促销员自查表（营业中）

检查日期　　年　　月　　日

时段	检查项目	是否完成	
		是	否
营业中	1. 促销商品是否齐全，数量是否足够		
	2. 促销商品是否变价		
	3. 促销商品陈列表现是否吸引人		
	4. 促销商品是否张贴POP		
	5. 促销商品质量是否良好		
	6. 卖场人员是否都了解促销计划		
	7. 卖场气氛布置是否活泼		
	8. 服务台人员是否定时广播促销		
商店：	签名：	日期：	班次：
注意：1. 工作完成时请在“是”栏打（√），否则在“否”栏打（×）。 2. 请签名后再下班。			

表 4－14　　促销员自查表（营业后）

检查日期　　年　　月　　日

时段	检查项目	是否完成	
		是	否
营业后	1. 过期海报、POP、红布条、宣传单是否拆下		
	2. 商品是否恢复原价		
	3. 商品陈列是否调整恢复原状		
	4. 评估促销目标的完成情况		
	5. 协助现场人员处理善后工作		
	6. 对超市促销状况提出 5 条改进建议		
商店：	签名：	日期：	班次：
注意：1. 工作完成时请在"是"栏打（√），否则在"否"栏打（×）。 2. 请签名后再下班。			

要求：1. 促销员的工作自查表，必须由当班促销员填写，应按时进行，不得提早或延误，每天填写完成后交给店长。

2. 在填写自查表时，如"是"则在"是"栏打（√），否则在"否"栏打（×），无此项目则将两栏空置。

3. 在时段检查中"否"栏打（×）的部分，促销员还应填写"未完成工作登记表"。

【实训步骤】

1. 每位同学选择一个促销岗位，由超市熟练员工带领进行一天的促销工作
2. 回顾促销工作的相关知识
3. 填写促销前准备工作自查表
4. 参与促销工作，并填写促销工作中的自查表
5. 结束促销工作后，填写促销工作后的自查表并与"引领员工"讨论工作收获和不足
6. 完成并上交技能训练报告

实训报告格式

实训报告表

实训报告		
学号	姓名	时间
实训内容：		分数
实训目的：		
实训步骤：		
实训总结：		
实训建议：		

【相关知识】

一、店员接待顾客的八步骤

1. 等待时机

顾客进店后走近柜台或货架时，店员要随时注意找机会同顾客接触搭话。首先要仔细观察和判断顾客临近柜台的意图是随便观看还是购买商品，有无某种商品已经引起顾客的注意。这时要求店员端庄自然地站在自己负责的商品区域内，而不能心不在焉、左顾右盼。如果能主动为顾客提供帮助，就可能促成一笔交易，而不与顾客接触搭话，就会使一些交易机会白白丧失。

2. 接触搭话

接触搭话就是主动接近顾客，并掌握恰当的时机，和善地与顾客打招呼。打招呼的最佳时机是在顾客从知晓商品到观察了解之间。若搭话过早会引起顾客的戒心，甚至由于不好意思而离开柜台。搭话的机会一般有 6 个：

（1）当顾客较长时间凝视某种商品时。

（2）当顾客从观察的商品上转过头时。

（3）当顾客临近柜台停步看某种商品时。

（4）当顾客用手触摸某种商品时。

（5）当顾客临近柜台寻找某种商品时。

（6）当顾客把脸转向店员时。

这 6 个机会意味着顾客已经意识到对某种商品的需要或希望得到店员的帮助，店员可通过接触搭话来吸引顾客的注意，或者使顾客从无意注意转向有意注意，以加深印象。

接触搭话可采用打招呼法、介绍商品法和服务接近法。

（1）打招呼法。打招呼法适用于随意浏览的顾客和因忙于接近别的顾客而无暇顾及的顾客。当顾客走近柜台或货架随意观察商品时，通过打招呼问好，让顾客感觉到店员对自己的到来表示欢迎，并正在随时准备为自己服务。当店员正忙于接待一位顾客时，可向另一位刚到的顾客打招呼问好，避免这位顾客因产生被冷落的感觉而离去。

（2）介绍商品法。介绍商品法适用于正注意观察某种商品的顾客。店员这时应扼要地介绍商品的优点以引起顾客的购物兴趣，这时顾客一般不会说“我只是看看”，而店员也就获得了推销商品的机会。这就要求店员应有较宽的商品知识面，了解商品的主要特色，并能将这些特色与顾客的实际需求联系起来。当这种商品的特色同顾客的需求相符时，这种方法的效果最明显。运用这种方法，还会使顾客把店员当作经验丰富的专家而乐意接受其帮助。

（3）服务接近法。服务接近法适用于那些明确表明要购物的顾客，特别是那些急于要购物的顾客。此时，可采用直接询问顾客要买什么商品的方法。但是这种方法要慎用，因为一般情况下，这种方法的运用总是会得到顾客消极的反应，所以这种销售的成交额一般都很少。店员只有通过接触搭话设法了解顾客的兴趣、意图后，并指出该商品能满足其兴趣，才能使顾客的兴趣得到发展，促使其产生一定的联想。

3. 出示商品

出示商品就是在顾客表明对某种商品感兴趣时，店员要立即取出商品送到顾客手中，以促进其产生联想，刺激顾客的购物欲望。店员与顾客搭话后，应尽快出示商品，使顾客有事可做，有东西可看，有引起兴趣、产生联想的对象。为使出示的商品达到出示的目的，可考虑以下几种方法：

（1）示范法。这种方法就是指商品的表演，如儿童玩具的演示。这是消除顾客偏见的最好方法。

（2）感知法。这种方法就是尽可能地让顾客接触商品，让顾客实际感知商品的优点，以消除顾客的疑虑。

（3）多种类出示法。这种方法适用于顾客对具体购买哪种商品无一定主见时。店员可出示几种性能相近或价格相近的商品供其选择。但要注意，这并不是说出示越多的商品越好，有时出示商品过多，会将顾客思绪搞乱，无所适从，最终只好放弃购物。还要注意，这时顾客非常需要店员的帮助和指导，店员切不能消极地等待顾客的选择，应当在顾客观看商品后，将其不再感兴趣的商品迅速拿开，以使顾客将注意力集中到另外的商品上。

（4）逐级出示法。这是在顾客可能接受的价格段位上，先出示价格低的商品，再出示价格高的商品的方法。这种方法不仅适合那些想购买廉价商品的顾客，也会使想购买高档商品的顾客产生优越感。反之，从高档到低档出示商品，会使欲购买廉价商品的顾客感到难堪，从而放弃购物。当然，对喜欢购买名牌的顾客，若从较低价开始出示，也会令其反感，最终失去销售机会。

4. 商品说明

出示商品的同时应向顾客提供商品的有用信息。这时店员应实事求是地做有效说明和介绍。好的商品介绍能使店员掌握销售的主动权，并能刺激顾客的购物欲望。

5. 推荐商品

推荐就是根据顾客的情况，在顾客比较判断的阶段刺激顾客的购物欲望，促成购买。这一般需要3个步骤：

（1）列举商品的一些特点。

（2）确定商品能满足顾客需要的特点。

（3）向顾客说明购买这种商品所能获得的利益。

这就是将商品特征转化为顾客所向往、所理解、所需要的东西，即顾客利益的过程。其转化公式是：

$$\text{顾客利益} = \text{商品特征} + \text{功能}$$

6. 促成销售

促成销售是抓住顾客对欲购买商品的信任，坚定顾客的购物决心的步骤。促成销售的机会有4个：

（1）当顾客关于商品的问题问完时；

（2）当顾客默默无言独立思考时；

（3）当顾客反复询问某个问题时；

（4）当顾客的谈话涉及商品的售后服务时。

店员在把握这4个机会时不应在一旁默默等待，而应坚定顾客的决心，消除其疑问，建议其购买。值得注意的是，店员建议顾客购买绝不等同于催促顾客购买。若店员不断地催促顾客购买，会使顾客产生反感。但一味等待也会失去销售机会，因而店员只能用平缓的语调建议顾客购买。建议的方法主要有以下几种：

（1）直接建议法。当顾客对商品没有问题可提时，就可以直接建议顾客购买，但建议购买绝不能使用“你到底买不买”或“你定下来了吗”等语言。这会使顾客感到不自在，很可能得到否定的回答。正确的方法是应扼要地归纳一下商品的特色和顾客所能得到的益处，概括一下顾客应购买的原因，然后，很自然地问：“您看这件商品怎么样？”

（2）选择商品法。这是采用含蓄地促使顾客做出购物决定的方法。选择商品法是询问顾客要买哪种商品，而不是让顾客在买与不买之间进行选择。有选择的范围上，一般不超过两种，否则顾客难以做出选择决定。例如，可让顾客在诸如颜色、式样、型号和材料等方面进行选择。这种方法是最经常使用的较好的一种方法。

（3）化短为长法。当顾客面对商品的几个缺点犹豫不决时，店员应能够将商品的优点列举出来，使顾客感到商品的优点多于缺点，促进顾客对商品的信任。

（4）机不可失法。这是指让顾客感到一旦错过机会就很难再买到的一种坚定顾客购物决心的方法，如节假日期间减价、折扣、特价等。运用此法会使顾客感到此时若不下决心购买，以后不是买不到，就是价格上涨。但只有当顾客希望购入短缺商品或有销售时间性的商品时，才可使用此法；否则可能会事与愿违。

（5）印证法。当顾客对商品的个别问题持有疑惑，迟迟不愿做出购物决定时，可向其介绍其他顾客使用此商品的情况来印证店员所做的介绍；或者弱化商品的问题，消除顾客不做购物决定的因素。但一定要让顾客感受到自己的真诚，而不是感到这是强行推销。

（6）奖励法。这是一种通过向顾客提供奖励，鼓励顾客购买某种商品的方法。这种方法与用减价出售商品的方法相比，它不会让顾客产生商品本身价值就低或认为商品已经过时的错觉，反而使顾客考虑购买决定。采用向顾客提供奖励的方法，可以使顾客更乐意购物。

7. 收取货款

顾客一旦下了购物决心，采取购物行动后，店员就开始收取货款。收取货款务必要做到“三唱一复”。“三唱”即“唱价”（确认顾客所购商品的价格），“唱收”（确认所收顾客现款的金额），“唱付”（确认找给顾客的余额）；“一复”即复核所付商品与收进货款是否相符。

8. 结束销售

在这个步骤中，店员在为顾客进行商品包装时，还应该询问顾客是否还需要别的商品，主要是与顾客所购买的商品相关的商品。当将包装好的商品交到顾客手中时，应主动口头向顾客表示感谢，赞扬顾客的明智选择，并请其对商品的质量放心。这将使顾客体验到商店是真心实意地为顾客服务的，从而留下美好的购物记忆。

以上是成功地完成销售所进行的基本步骤。若由于种种原因未能交易成功，店员也绝不能怠慢顾客。否则，顾客会认为该店员只为推销商品，而不考虑顾客的利益，其结果往往不只是失去一次销售机会，更是失去一位顾客。

二、店头促销

现场促销活动是指商店在一定时期内，针对预期顾客，以扩大销售为目的所进行的促销活动。现场促销通常会结合人员促销，并通过这种特殊形式，直接达到扩大销售额的目的。顾客在促销现场，面对琳琅满目的商品，不但可以任意浏览、尽情触摸，还有专人说明、真人示范，因此促使顾客购买商品的可能性会大幅提高。

（一）现场促销的特点

1. 以企业商店为主体

商店现场促销的商品多数是供货商的产品，在这种情况下，可以由供货商提出建议，并参与现场促销企划，协助促销活动的进行，但是现场促销活动主体仍是商店。

2. 以实际销售为目的

现场促销活动也是一种“即卖会”，其目的在于促使顾客立即购买。现场促销并非像表演那样讲究“秀”的效果，而是以促成销售额的多寡显示其效果。

3. 以多数预期顾客为主要对象

现场促销活动的对象，虽因商品不同而各异，但必须以多数预期顾客为对象。所谓预期顾客是指有购买愿望或购买可能性较大的顾客，至于对促销商品持否定、厌烦态度的顾客，不是现场促销的主要对象。

（二）推动现场促销活动的阶段工作

现场促销一般分为两个阶段：准备阶段和实施阶段。

1. 准备阶段

（1）企业要了解开展现场促销活动所针对的目标顾客的风土人情和特点。

（2）企业的营销人员应按照企业对目标区域总的促销方针，与供货商协商好促销的商品品种、规格、数量和价格等。

（3）根据顾客的需要和促销活动目标区域的市场特定情况，决定市场联系枢纽的桥梁——促销品，包括促销的品种、规格、数量及促销品配比率等。其中，促销品配比率是指促销品与产品数量的比例。

（4）制定企业的货源调度。其中货源可以考虑三种情况：从供货商处直接进货；从企业的配货中心调配；两者相结合。

（5）现场促销人员的选用、培训和安排。这是现场促销活动成功与否的一个重要因素。应该做好两方面的工作。首先，商店促销人员应具有丰富的促销经验，有十足的劲头和持续的原动力，具备熟练的推销技能、良好的口头表达能力、敏锐的洞察力及对市场反映的良好感应决断力；其次，营销人员和供货商应该仔细研究、分析在促销活动实施过程中可能遇到的各种困难，决定应对措施。这两方面通常可以采取人员讨论和情景演习两种方式进行训练。

2. 实施阶段

（1）商店促销人员应抓住有利时机，讲好开场白，抓紧时间促销商品、让顾客试用商品、赠送促销商品、张贴广告等。

（2）商店促销人员应该根据现场实际情况，调整好心理状态，恰当改变口头表达的内容和方式，调整说话声音、速度和节奏，协调动作，注意外表形象等，总结出一套高速、高效的促销通用语，并加以推广和调整。

（3）商店促销人员应该注意现场促销中以下两种方式的灵活运用：

一是观念灌输，促销人员应该善于把纯粹的推销商品观念上升到提高企业经营理念上。

二是感情沟通，如通过逗顾客的孩子来引起顾客注意，以达到沟通情感和促销的目的。

（三）常用的现场促销方法

现场促销的方法很多，商店较常使用的有面对面销售、赠品促销、限时折扣、免费试用等。

1. 面对面销售

面对面销售即商店的店员直接与顾客面对面进行促销和销售的活动。例如，在超市中，鲜鱼、肉制熟食、散装水果、蔬菜等都可以采用这种方式进行促销。此类活动的目的是为了满足顾客对某些特定商品适量购买的需要，同时，也可以适时地为顾客提供使用说明，促进商品的销售。其做法如下：

（1）规划适当位置作为面对面销售区。例如，在超市中，通常均规划于生鲜部门区或在其附近，以强调其关联性。

（2）选择具有专业知识及销售经验的人员来担任面对面销售的工作，以此来提升营业额。

（3）强调商品新、奇、特及促销人员亲切的服务，并让顾客自由选择商品品种及数量，以便产生更好的效果。

2. 赠品促销

赠品促销即顾客免费或出很少的费用即可获得特定物品的促销活动。例如，只要顾客在商店购买了商品，就可以免费获得气球、面巾纸等。此类活动的做法如下：

（1）通常配合某些大型促销活动，如商店开幕或周年庆；或者特定节假日，如儿童节、妇女节、情人节、中秋节、重阳节等有特殊意义的日子；或者在供货商推广新产品时实施赠品促销。

（2）赠品的选择关系到促销活动的成败，虽然其金额不高，但是必须具有实用性、适量性和吸引性，才能吸引顾客来店。一般常用的赠品有：免费赠品如气球、面巾纸、盘子、开罐器、玻璃杯、儿童食品等；购买才送的赠品如洗发水、沙拉酱、玩具、高级瓷盘等。

3. 限时折扣

限时折扣即商店在特定营业时段内，提供优惠商品，刺激顾客购买的促销活动。例如，限定16：00－18：00某品牌儿童服装五折限时优惠；或者在9：00－10：00某些日用品七折优惠等。此类活动以价格为着眼点，利用顾客求实惠的心理，刺激其在特定时段内采购优惠商品。

在进行限时折扣时，要以宣传单进行预告，并在卖场销售高峰时段以广播方式告知并刺激顾客购买限时特定优惠的商品，在价格上必须与原定价格有三成以上的价格差，才会对顾客产生足够的吸引力，达到使顾客踊跃购买的效果。

4. 免费试用

免费试用即现场提供免费样品供顾客使用的促销活动，如免费试吃水饺、香肠、薯条，免费试用洗涤剂，免费为顾客染发等。此类促销活动是提高特定商品销售量的好方法，因为通过实际试用和专业人员的介绍，会增加顾客购买的信心和日后持续购买的意愿。

免费试用时，要安排适合商品试用的地点，要做到既可以提高试用效果，又可避免影响顾客对商店内其他商品的购买；选择适合试用的商品品种及供货商，通常供货商均有意配合推广商品，故应事先安排各供货商，确定免费试用促销的时间、做法及商品品种；举行试用活动的供货商，必须配合商店规定的营业时间进行免费试用活动，并安排适当的人员和相应的器具，或者委托商店服务人员来为顾客服务。

三、展示促销

（一）展示促销的特点

1. 可以促使顾客更好地接受新产品

对顾客来说，了解一种新产品最好的方法就是令其对该产品产生实际的感受。展示促销就可以让顾客做到亲眼目睹，从而对新产品产生浓厚的兴趣。

2. 可以节省促销的费用开支

展示促销的成本费用主要是用于展示的商品费用、辅助品费用及促销人员的劳务费用，与其他一些促销方式相比，费用较低，但是效果很好，所以是值得商店采用的一种较好的促销方式。

（二）展示促销的步骤

1. 确定销售目标

查询所促销商品在促销活动前 4 周的销售量，然后用这个销售量除以 28（即 4 周的天数），得出日均销售量，则 8 小时展示促销的销售目标为日均销售量乘 3，4 小时展示销售的销售目标为日均销售量乘 2。这些必须在促销员的每日报告中显示。例如，一种商品在促销活动前 4 周的销售数量为 420 个，则每日平均销售量为 15 个，8 小时展示促销的目标为 45 个，4 小时展示促销的目标为 30 个。

2. 样品展示

样品展示应注意以下事项：

（1）样品来源。应由供货商提供免费样品，或者供货商从商店以零售价格购买。

（2）保留样品记录。保留样品包装标签，用于收款及核对。

（3）样品数量和尺寸。应该根据促销商品的特点和要求，结合商店内的规则，安排促销商品的数量和尺寸。

（4）补充商品。在促销商品用完之后必须立刻补充，但是必须遵守促销员离开促销台的各项安全守则。

(三) 展示促销的工作守则

1. 对供货商和顾客

(1) 对供货商方面，商店要让供货商相信，商店会热情、尽力地促销他们的商品，并且会100%地只促销他们的商品。

(2) 对顾客方面，商店要做到：永远不要出现商店的促销活动令顾客不开心的现象；确保顾客在促销活动中的安全；让顾客能从中得到商品的详细信息和优点；商店服务人员将永远保持良好态度。

2. 商店展示人员的工作

商店展示人员的工作是：增加示范商品的销量；热情问候每位顾客，讲解商品知识；请顾客试用产品，并逐步产生购买这种产品的欲望。具体而言，商店展示人员的工作主要有以下几个方面：

(1) 问候。要热情地向顾客致意，让他们感到受欢迎，并表达“这是我们应该做的”。

(2) 讲解。向顾客叙述、介绍、报告，告诉顾客一些他们不知道的有关商品的信息，解释产品使用的其他方法。

(3) 促进销售。促进展示商品的销售，让顾客明白，如果不购买正在促销的产品，他们将会错过大好机会。

3. 对供货商的要求

(1) 只有经过批准的供货商才能在商店展示商品。

(2) 所有供货商必须提前一个月与企业总部（或采购部、促销部）联系，安排展示。

(3) 所有供货商代表须佩戴工牌，并且自备展示用品、样品等。

(4) 供货商代表进出商店必须登记其包裹、样品和用品等。

(5) 促销过程中，禁止供货商代表吃东西或坐着闲聊。

(6) 如果供货商代表不遵守规则，商店人员应加以纠正或严肃处理。

4. 对所展示商品的要求

(1) 促销食品时：即使只离开促销台1分钟，也要把热的食品和食用油拿开。

(2) 不要给没有大人带领的小孩食物；当天烹制好的促销食品，如果没有用完应倒掉，不能留着第二天使用，以免食物变质。

(3) 拿取食物时要戴塑料手套。

(4) 任何食物都不能放在地上，所有备用食物必须盖好或用保鲜膜包好。

(5) 需要烹饪或再加热的食品，温度要加热到65℃；需要冷藏保存的食品，促销样品保存温度在2～7℃。

(6) 烹制的食品要在切开后10分钟内给顾客品尝（冷或热）。

(7) 要让顾客拿好其样品，以免污染其他样品。

(8) 促销员的头发要整理好，一般应戴发网或帽子，以免碰到食物和设备，要按照商店卫生要求标准执行。

(9) 鲜肉制品的销售点应设在鲜肉销售区域后商品展示点旁边，以便于帮助顾客立即购买。

（10）不要等顾客来问，要主动推销商品，鼓励顾客大胆尝试。

（11）运用销售技巧，避免说出竞争对手的名称。

促销计划示例：

2014 年××超市全年常规促销计划

促销时间	2014 年 4 月 10 至 4 月 25 日　　出游踏青商品促销
促销主题	春暖花开时，一切只为您——××超市首届旅游踏青用品专卖节
促销内容	针对此段时间的春游踏青活动，开展春游商品专卖活动
商品提供	以出游踏青商品为主 （饮料、方便食品、便携熟食类、口香糖、休闲食品、背包、野炊用品、休闲服装鞋帽、相机、日用品、易耗品、体育用品等）
促销宣传	1. 各店门前横幅悬挂（内容：××超市首届旅游踏青用品专卖节　　费用：约 3000 元） 2. DM 刊促销（大 16 开 5 万份　　费用：约 7500 元）
执行分店	市内各店，各大区总店（50，88，103，55，86）

促销时间	2014 年 4 月 27 日至 5 月 10 日　　五一劳动节商品促销
促销主题	劳动创造辉煌，××真情奉献
促销内容	针对五一长假，对节日商品进行整体促销及对五一出游商品的促销
商品提供	以节日商品及出游商品为主 （礼盒、烟酒、休闲食品、家电、保健品、水果蔬菜、肉类、海鲜类、相机、日用品、饮料、易耗品、早餐食品、防晒护肤品、方便食品、便携熟食类、口香糖、背包、野炊用品、休闲服装鞋帽、体育用品等）
促销宣传	1. 各店门前横幅悬挂（内容：鲜花献给辛勤的劳动者——××超市　　费用：约 4000 元） 2. DM 刊促销（大 8 开 10 万份　　费用：约 22000 元）
执行分店	所有分店
其他要求	各门店应及时联系周边单位劳动节商品的大宗团购业务
#5 月 1 日当日在××超市一次性购物满 51 元的前 51 名顾客，凭购物小票可在收银台换取钥匙扣一个（费用：约 5000 元）	

促销时间	2014 年 5 月 15 日至 5 月 31 日　　夏季商品促销
促销主题	夏季商品特价销售
促销内容	针对即将进入的夏季对夏季商品进行促销
商品提供	以夏季商品为主 （夏装、风扇、空调、灭蚊蝇类器具、灭蚊蝇类药物、杀虫剂、日常洗护用品、防晒护肤用品、内衣、袜子、方便食品、休闲食品、易耗品、饮料、冷饮、矿泉水、啤酒、水果蔬菜等）
促销宣传	DM 刊促销（大 8 开 10 万份　　费用：约 22000 元）
执行分店	所有分店
其他要求	各门店应及时联系周边单位防暑用品的大宗团购业务

促销时间	2014 年 5 月 28 日至 6 月 4 日　　儿童节商品促销
促销主题	愿祖国花朵健康成长
促销内容	针对儿童节，以儿童商品为主开展促销
商品提供	以儿童商品为主 （童装、玩具、文具、少儿书籍、休闲食品、饮料、奶粉、面包蛋糕、相机、儿童百货等）
促销宣传	各店门前横幅悬挂（内容：××超市祝所有的小朋友快乐成长　　费用：约 4000 元）
执行分店	所有分店
其他要求	各门店应及时联系周边幼儿园、小学儿童节礼品的大宗团购业务
#6 月 1 日进店购物带儿童的顾客，可凭购物小票在收银台换取小玩具一件，限前 50 名顾客 （费用：约 5000 元）	

促销时间	2014 年 9 月 5 日至 9 月 10 日　　教师节促销
促销主题	老师，您辛苦了
促销内容	针对教师节开展礼品、文化用品等商品专卖活动
商品提供	以教师节礼品、文化用品等商品为主 （保健品、烟酒、礼品、礼盒、化妆品、个人洗护品、服饰、首饰等）
执行分店	所有分店
其他要求	各门店应及时联系周边学校、科研院所的教师节礼品大宗团购业务
#9 月 10 日在××超市购物的教师，可凭购物小票及教师证在收银台领取赠品一件，各店限前 50 名 （赠品价值 3 元，费用合计 10000 元）	

促销时间	2014 年 9 月 1 日至 9 月 9 日　　中秋节商品促销
促销主题	但愿人长久，××寄相思
促销内容	针对中秋节商品销售高潮，开展中秋商品促销活动
商品提供	以中秋节日商品为主 （盒装月饼、散装月饼、各类中式糕点、烟酒、礼盒、礼品、保健品、水果蔬菜、肉类、海鲜、休闲食品、易耗品、饮料等）
促销宣传	1. 各店门前横幅悬挂（内容：但愿人长久，××寄相思　　费用：约 4000 元） 2. DM 刊促销（大 8 开 10 万份　　费用：约 22000 元）
执行分店	所有分店
其他要求	各门店应及时联系周边单位中秋节月饼等商品的大宗团购业务
#各月饼、中式糕点供应商可在促销期间进行现场促销（品尝、买赠等）活动	

促销时间	2014 年 9 月 25 日至 10 月 10 日　　国庆商品大热卖
促销主题	欢乐国庆欢乐颂，××特价乐翻天
促销内容	针对国庆节长假对节日商品及出游商品进行促销
商品提供	以节日商品及出游商品为主 （礼盒、烟酒、休闲食品、家电、保健品、水果蔬菜、肉类、海鲜类、相机、日用品、饮料、易耗品、早餐食品、护肤品、化妆品、洗护品、家用洗涤类、方便食品、便携熟食类、口香糖、背包、野炊用品、休闲服装鞋帽、体育用品等）
促销宣传	DM 刊促销（大 8 开 10 万份　　费用：约 22000 元）
执行分店	所有分店
其他要求	各门店应及时联系周边单位国庆节的大宗团购业务
#10 月 1 日在××超市一次性购物满 101 元的前 30 名顾客，可凭购物小票在收银台兑换赠品一份。 （费用合计：约 20000 元）	

促销时间	2014 年 11 月 1 日至 11 月 10 日　　××超市 21 周年庆
促销主题	××超市 21 年，真情相伴到永远
促销内容	针对超市 21 周年庆开展全场商品惊爆价促销，答谢新老顾客
商品提供	以顾客敏感商品惊爆价销售为主 （主要以一线商品为主）
促销宣传	1. 各店门前横幅悬挂（内容：××超市 21 年，真情相伴到永远　　费用：约 4000 元） 2. DM 刊促销（大 8 开 10 万份　　费用：约 22000 元）
执行分店	所有分店

促销时间	2014 年 11 月 18 日至 12 月 5 日　　冬季商品促销
促销主题	迎接冬日，××送温暖
促销内容	针对即将到来的冬季进行冬季商品专卖活动
商品提供	以冬季商品为主 （炉具、厨具、日用品、热饮料、手套、口罩、秋衣、帽子、冬装、电热毯、电暖气、电暖炉、毛毯、其他御寒用品等）
促销宣传	DM 刊促销（大 8 开 10 万份　　费用：约 22000 元）
执行分店	所有分店
其他要求	各门店应及时联系周边单位的冬季用品大宗团购业务

促销时间	2014年12月6日至12月21日　冬季商品（食品）、冬至食品促销
促销主题	××暖暖冬日情
促销内容	针对冬季商品、冬至食品开展促销
商品提供	以火锅类商品、冬至食品（饺子等）、冬季商品为主 （散装水饺、袋装水饺、牛羊肉片、肉丸、火锅底料、配料、饮料、白酒类、冬装、被子、休闲食品、肉类、海鲜、水果蔬菜、其他御寒品等）
促销宣传	DM刊促销（大16开10万份　费用：约15000元）
执行分店	所有分店
#可在市内部分生鲜店进行火锅试吃活动（人员、费用由供应商负责）	

促销时间	2014年12月20日至2015年1月10日　圣诞节、元旦商品促销
促销主题	迎元旦庆圣诞，××全场有惊喜
促销内容	针对圣诞节商品、元旦商品进行促销
商品提供	以圣诞节、元旦节日商品为主 （礼盒、烟酒、休闲食品、保健品、水果蔬菜、肉类、海鲜类、相机、日用品、饮料、易耗品、洗护品、家用洗涤类、巧克力、圣诞装饰品、圣诞贺年卡、礼品、糖果、音像品等）
促销宣传	DM刊促销（大8开10万份　费用：约22000元）
执行分店	所有分店
其他要求	各门店应及时联系周边单位元旦的大宗团购业务
#12月23日在××超市一次性购物满100元的顾客可凭购物小票兑换圣诞老人帽子或绒制品一个 （费用合计：约10000元）	

促销时间	2015年1月29日至2015年2月18日　春节商品促销
促销主题	来××买年货，享受新年的乐趣
促销内容	抓住2015年春节销售高峰进行春节节日商品促销
商品提供	以春节节日商品（年货、礼品）为主 （礼盒、烟酒、休闲食品、保健品、水果蔬菜、肉类、调味品类、海鲜类、相机、日用品、饮料、易耗品、洗护品、家用洗涤类、家用清洁类、糖果炒货、礼品、年糕、八宝饭、水饺、汤圆、服装鞋帽、其他年货等）
促销宣传	1. 各店门前横幅悬挂（内容：××超市恭祝大家新年快乐！阖家欢乐！　费用：约4000元） 2. 年货类商品DM刊促销（大8开10万份　费用：约22000元） 3. 新年礼品商品DM刊促销（大16开10万份　费用：约15000元）
执行分店	所有分店
其他要求	各门店应及时联系周边单位的春节商品大宗团购业务

促销时间	2015 年 2 月 19 日至 3 月 6 日　　元宵节商品促销
促销主题	元宵佳节，乐在 × ×
促销内容	针对元宵节进行元宵节节日商品专卖活动
商品提供	以元宵节节日商品为主 （礼盒、烟酒、保健品、礼品、汤圆、饺子、年糕、八宝饭、水果蔬菜、肉类、海鲜、饮料、相机、儿童玩具、休闲食品等）
促销宣传	DM 刊促销（大 16 开 10 万份　　费用：约 15000 元）
执行分店	所有分店
#促销期间在 × × 超市一次性购物满 100 元的顾客可凭购物小票换取灯笼一个 （费用合计：约 15000 元）	

促销时间	2015 年 3 月 1 日至 3 月 14 日　　新学期学生商品促销
促销主题	新学期，新气象
促销内容	针对新学期学生商品开展促销
商品提供	以学生用品、儿童用品为主 （学生用具、书籍、随身听、复读机、早餐食品、日常用品、服装鞋帽、书包、休闲食品、饮料、日化洗涤、个人洗护用品、护肤品、儿童用品、玩具等）
促销宣传	市内各店门前横幅悬挂（内容：× × 超市愿所有的学生朋友新学期，新收获　　费用：约 3000 元）
执行分店	所有分店

促销时间	2015 年 3 月 20 日至 2015 年 4 月 1 日　　二级市场商品促销
促销主题	× × 生活用品超低价风暴月
促销内容	抓住二级市场销售低谷进行生活用品及部分食品超低价促销，改善二级市场销售状况
商品提供	二级市场消费者敏感商品（以二线商品为主） （中低档散装饼干、糕点、中低档卫生纸、中低档脸盆、中低档锅碗、中低档生活用品、中低档化妆品、中低档洗护品、中低档烟酒、礼盒、中低档服装鞋帽等）
促销宣传	1. 除 × × 市内店外其他各店门前横幅悬挂（内容：× × 生活用品超低价风暴月　　费用：约 3000 元） 2. DM 刊促销（大 16 开 5 万份　　费用：约 7500 元）
执行分店	除 × × 市内店外其他各门店
#促销期间在 × × 超市一次性购物满 66 元的顾客可凭购物小票兑换脸盆一个或水杯一个 （费用合计：约 10000 元）	

2014－2015年度××超市全年常规促销计划基本费用

费用名称	费用合计
DM刊印刷费用	280000元
横幅制作费用	32000元
赠品购买制作费用	61000元
费用总合计	373000元

任务五　店长岗位体验

店长是商店的最高管理人员，店长管理质量的好坏，将直接影响整个商品的运营效率。店长是商店的代表者、商店经营目标的执行者、商店士气的激励者、各种问题的协调者、卖场的指挥者、员工的培训者、运营与管理业务的控制者和工作成果的分析者。如何在实际工作中扮演这些角色，需要你在实践中去体验并不断地总结经验，才能取得成功。

【案例引导】

某超市在某一时期果蔬销售额一直很低，日销售额仅2000多元，店长召集生鲜主管和所有小组长开研讨会，主题是如何把果蔬的销售量提升上去。大家热烈讨论，想尽各种办法，最后定了一个目标：在一周内至少有一天的销售额超过5000元。

结果在接下来的一周内果然有一天销售额超过了5000元。店长很高兴，询问店员是如何实现的，主管回答说："我对员工讲，店长要求我们在一周内必须有一天销售额超过8000元。"按照这种方式，后来该店在一周内可以有一天超过10000元的销售额。是什么导致了销售额的成功呢？关键是有明确的目标和对实现目标的信心。

店长需要把目标分解到每个部门、每位员工，要与员工对实现目标达成共识，激发员工实现目标的激情和信心，让员工体会到目标实现的成就感。

【实训任务】

理解超市店长的职责和需要扮演的角色内涵，以超市店长的角色完成一天的超市管理工作，要求你在开展工作前列出一天的工作计划，具体到每半个小时的工作内容，工作结束后写出一份工作总结，并填写店长工作自查表（表4－15～表4－17）。

表4－15　　店长自查表（营业前）

检查日期　　年　月　日

类别	检查项目	是否完成	
		是	否
人员	1. 各部门人员是否正常出勤		
	2. 各部门人员是否依照计划工作		
	3. 是否有人员不足导致准备不足的部门		
	4. 专柜人员是否准时出勤、准备就绪		
	5. 工作人员仪容仪表是否符合规定		

续表

类别	检查项目	是否完成	
		是	否
商品	6. 早班生鲜食品是否准时送达无缺		
	7. 新鲜度差的商品是否拿掉		
	8. 各部门特价商品是否已经陈列齐全		
	9. 特卖商品 POP 是否已经悬挂		
	10. 商品是否实时做到 100% 陈列		
	11. 前进陈列是否已经做好		
清洁	12. 入口处是否清洁		
	13. 地面、玻璃、收银台清洁是否已经做好		
	14. 厕所是否清洁干净		
其他	15. 音乐是否控制适当		
	16. 卖场灯光是否控制适当		
	17. 收银员零用金是否已经准备好		
	18. 开店前 5 分钟广播及音乐是否准时播放		
	19. 购物袋是否已经摆放就位		
	20. 购物车（篮）是否已经准备就位		
商店：	签名：	日期：	班次：
注意：1. 工作完成时请在“是”栏打（√），否则在“否”栏打（×）。 2. 请签名后再下班。			

表 4－16　　店长自查表（营业中）

检查日期　　年　月　日

时段	类别	检查项目	是否完成	
			是	否
营业高峰前	商品	1. 是否有欠品		
		2. 商品新鲜度是否变差		
		3. 端架陈列量是否足够		
		4. POP 与商品标价是否一致		
		5. 商品陈列是否足够，是否要补货		
	卖场整理	6. 投射灯是否开启		
		7. 通道是否通畅		
		8. 试吃是否阻碍通道或导致阻碍商品销售		
		9. 面售是否有人当班		
		10. 是否有突出陈列过多的情形		
		11. 卖场地面是否维持清洁		

续表

时段	类别	检查项目	是否完成	
			是	否
营业高峰中	销售态势	12. 是否定时播放店内特卖消息		
		13. 各部门是否派人至卖场招呼顾客或喊卖		
		14. 顾客是否排队太长从而需要增加收银机		
		15. 是否要后场部门来收银台支持		
		16. 是否需要紧急补货		
		17. 是否有工作人员利用工作时间聊天或无所事事		
		18. POP 是否脱落		
营业高峰后	卖场整理	19. 卖场是否有污染品或破损品		
		20. 是否要进行中途解款		
		21. 是否有欠品需要补货		
		22. 是否确认时段营业额未达到原因		
		23. 陈列架、冷藏（冻）柜是否清洁		
时常性	POP	24. POP 是否陈旧和遭污损		
		25. POP 张贴位置是否适当		
		26. POP 书写是否正确，尺寸大小是否合适		
		27. POP 诉求是否有力		
	商品	28. 价格卡与商品陈列是否一致		
		29. 是否仍有厂商在店内陈列商品与移动商品		
		30. 滞销品是否陈列过多而畅销品陈列过少		
		31. 是否定期检查商品有效期限		
	服务	32. 卖场工作人员是否使用五大用语		
		33. 工作人员是否协助购物多的顾客提货出去		
	清洁	34. 厕所是否维持清洁通畅		
		35. 厕所卫生纸是否足够		
		36. 入口处是否维持清洁		
		37. 地面是否维持清洁		
	设备	38. 冷冻（藏）柜温度是否定时确认		
		39. 傍晚时分招牌灯是否开启		
		40. BGM（卖场背景音乐）是否正常播放		
		41. 标签机是否由本公司员工自行操作使用		

续表

时段	类别	检查项目	是否完成	
			是	否
时常性	后场	42. 进货验货是否按照规定进行		
		43. 空纸箱区是否堆放整齐		
		44. 空车（篮）存放区是否堆放整齐		
		45. 标签纸是否随地丢弃		
		46. 退换商品是否定位整理整齐		
	其他	47. 畅销品或特卖品是否足够		
		48. 卖场标示牌是否正确		
		49. 交接班工作是否正常进行		
		50. 昨日营业款是否存入银行		
		51. 有无派部门人员对竞争店进行调查		
商店：	签名：	日期：	班次：	
注意：1. 工作完成时请在“是”栏打（√），否则在“否”栏打（×）。 2. 请签名后再下班。				

表 4－17　　店长自查表（营业后）

检查日期　　年　月　日

类别	检查项目	是否完成	
		是	否
卖场	1. 是否仍有顾客滞留		
	2. 卖场音乐是否关闭		
	3. 铁卷门是否拉起		
	4. 招牌灯是否关闭		
	5. 店门是否关闭		
	6. 冷气机是否关闭		
	7. 收款机是否清洁完毕		
	8. 购物车（篮）是否归位		
作业场	9. 生鲜处理设备是否已经关闭及清洁完毕		
	10. 作业场是否清洁完毕		
	11. 工作人员是否由后门离开		
	12. 是否仍有员工滞留		

续表

类别	检查项目	是否完成	
		是	否
现金	13. 开机台数与解缴份数是否一致		
	14. 专柜营业现金是否缴回		
	15. 作废发票是否签字确认		
	16. 当日营业现金是否全部锁入金库		
保安	17. 门窗是否关妥		
	18. 保全设备是否设定		
商店：	签名：	日期：	班次：
注意：1. 工作完成时请在“是”栏打（√），否则在“否”栏打（×）。 2. 请签名后再下班。			

要求：1. 店长的工作自查表，必须由当班店长填写，应按时进行，不得提早或延误，每天填写完成后交给指导教师。

2. 在填写自查表时，如“是”则在“是”栏打（√），否则在“否”栏打（×），无此项目则将两栏空置。

3. 在时段检查中“否”栏打（×）的部分，店长还应填写“未完成工作登记表”。

【实训步骤】

1. 每位同学都要做一天店长，由超市店长带领进行一天的店长工作
2. 回顾店长工作的相关知识
3. 填写店长工作前的准备工作自查表
4. 参与店长工作，并填写店长工作中的自查表
5. 结束店长工作后，填写店长工作后的自查表并与“引领店长”讨论工作收获和不足
6. 完成并上交技能训练报告

实训报告格式

实训报告表

实训报告		
学号	姓名	时间
实训内容：	分数	
实训目的：		
实训步骤：		
实训总结：		
实训建议：		

【相关知识】

作为店长，前面几个子项目对应的岗位知识必须掌握，除此之外，还要掌握以下知识。

一、认识店长的角色定位

目前许多店长对自己的定位并不准确，以下是几种比较常见的错误认知。

1. 管家

有些店长把自己定位为管家，认为店里从销售到团队，事无巨细都要自己亲力亲为。他们每天从早到晚都忙碌于各种琐碎的小事，因此感觉非常劳累。

2. 保姆

有些店长把自己定位为保姆，除了管理销售、团队和店铺中的事务之外，还要为不够成熟的销售人员进行工作甚至生活上的辅导和引导。为了避免他们由于生活上的琐事导致情绪波动，店长要哄他们高兴，因此沟通时的措辞要拿捏得非常小心。

3. 掌柜

有些店长把自己定位为掌柜的，即老板不在时，店长要负责管理整个店面，使店员各司其职。

4. 其他

除了以上相对传统的自我评价之外，还有店长认为自己是“二大爷”，大事小事忙里忙外，自己很累，却还常常里外不是人；有店长认为自己是马大姐，忙得像个陀螺，凡事都要亲力亲为；有些店长觉得自己是个“碎催”，店里的一切事务都要自己盯着、催促着，否则就会出问题。

拥有以上几类错误定位的店长往往非常痛苦，他们既要考虑销售业绩，又要注意团队的士气和精神状态，还要解决店面内各种复杂的事项。在人际关系方面，既要向上级领导进行汇报，又到应付难缠顾客的异议，兼顾店面结账、统计甚至处理物流送货等问题，因此店长的状态就是“忙”“茫”“盲”。从开店到闭店都很忙，忙忙碌碌、非常辛苦，但由于没有明确的目标，忙碌往往会演变为茫然。上级对店面销售业绩和服务情况的要求和下级员工的琐事带给店长双重压力，使店长看不到店面未来的发展和出路，因此感到很盲目。

店长处于非常关键的位置，其正确的定位主要表现在以下几个方面。

1. 承上启下

店长在将上级领导的计划付诸为可执行计划的同时，还要带领团队合理而有步骤地实现这一目标，同时要对员工的工作状态和最终销售业绩负责。由此可见，店长起着承上启下的作用。

所谓承上，是指接受上级主管布置的工作任务；所谓启下，是指带领和启发团队成员，保证店面销售目标的实现、店面日常的运作和运营的合理化，以及应对顾客或上下级的突发事件。除了协调和处理上下游合作部门的关系之外，有些代理商或分销商还要兼任业务员的职位，因此要更加注重一步一个脚印地完成销售工作，使店面井然有序。

2. 承前启后

店长既要承接以往的工作，吸取相关的历史经验教训，又要考虑店面未来的发展，根据环境、市场和顾客需求的变化调整具体的工作方法。对于既是老板又是店长的人而言，还要考虑渠道的开拓问题，如工程、小区、家装、团购等。

3. 承点启面

第一，让店铺“承点启面”。“点”是指店长所在的店面，在小范围之内的影响力只是一个点。店长应当设法把自己的店面做成形象店或旗舰店，立足于点，着重发力，力图扩大到更大的范围，影响周围的区域。

第二，让员工“承点启面”。“点”是指店面的每一个员工。店长要将员工身上的优势发挥出来，让其他员工学习；将员工身上的缺陷总结出来，让其他员工规避。

第三，让工作“承点启面”。店长要总结工作中的每一件小事、每一个细节上的成败，通过分析整理形成一套规律性的工具和方法，取其精华、去其糟粕。

二、店长管理的重点内容

店长管理的重点可分为对人的管理、对商品的管理、对现金的管理、对信息的管理和对设备的管理。

（一）对人的管理

店长对人的管理，主要是对本店员工、来店购买商品的顾客及商店商品的供货商的管理。

1. 对员工的管理

员工管理的目标，就是最大限度地发挥员工各方面的潜力，让员工愿意为商店尽力，愿意在商店店长的领导下工作。

（1）店长要安排员工的出勤。店长要合理地配置好各作业部门的工作人员，安排好出勤人数、休假人数、排班表，并严格考核员工的出勤情况。如果店长做不好商店的出勤工作，就会直接影响商店的进货、出货、补货陈列、服务水平等，难以维持较佳的营业状态。

店长通常要分析竞争对手的休息日、节假日、地方性活动，以预测不同日期及同一日中各时间段可能的消费额、顾客人数和销售数量，以此掌握适当的工作量，安排适当数量的员工，制定月间和周间出勤安排表。具体可按时段的顾客流量，安排好工作出勤，使工作出勤人员的工作性质与顾客流量相配合，并使每个工作岗位效率达到最大化。

例如：超市的员工一般每周工作 44 小时，而且每天都有人轮休，而具体工作时间由商店店长安排。通常位于居民区的超市，每天 17：00 – 18：00 是顾客来店购物的高峰阶段，周六和周日这个时段来店顾客更多。因此，每天在这个时间段内，商店的商品一定要配齐，品种要齐全，所有的收款机要全部打开，各部门的工作人员要配齐；在周六、周日更要增加人员、补足商品。同时，在这些时段来临前，店长要督促理货员将商品补充齐全，自己也要抓住这些黄金时间，在收款机前多与顾客交流，不断地捕捉信息。

（2）店长要确保商店的服务水平。高的服务水平是企业市场竞争的优势，店长要时常督促员工保持良好的服饰仪容、对顾客的礼貌用语和友善的应对态度，并且随时留意顾客的投诉及意见反馈，不能让顾客觉得不满意而不再上门的情况发生。

（3）店长要确保商店的工作效率。一般人事费用在商店总成本核算中所占的比率最高，往往会超过月营业额的6%，故店长应经常调查各部门工作人员的作业安排，并将人员予以灵活调度，这样才能产生最高的工作效率。

（4）店长要推动商店的共同作业守则。商店工作人员必须有一致性、共同遵守的工作守则，具体如下：

a. 上班时间必须穿工作服，保持服装仪容整洁；

b. 上班前5分钟到达工作岗位；

c. 服从主管命令、指示，不得顶撞或故意违抗；

d. 上班时不得随意离开工作岗位，有事要离开必须预先向主管报告；

e. 上班时间不得与人吵架或打架；

f. 严格遵守休息制度；

g. 爱护商店内的一切商品、设备和器具；

h. 遵守“顾客至上”的理念，提供亲切满意的服务；

i. 随时维护卖场的环境整洁；

j. 顾客进入卖场时员工必须亲切、明朗地说“欢迎光临”。

2. 对顾客的管理

顾客是企业的衣食父母，可以说是整个商店的基础。没有顾客就没有销售，就没有盈利，商店也就失去了存在的意义。因此，店长对顾客的有效把握及开发，是商店成长与发展的基本重点。

（1）店长要建立顾客档案。为了掌握顾客活动管理的重要数据，与顾客建立长久关系，顾客档案的建立是店长必做的日常作业。由于顾客的数量较多，而且顾客档案包含较多的项目，因此现代企业对顾客档案的管理与分析必须使用先进的POS系统，不然大大小小的问题会接踵而来。而若顾客档案未整理好，要对顾客做仔细的分析是相当困难的，更不要说如何服务于目标顾客了。

（2）店长要设计顾客档案的数据项。顾客档案的项目设置应尽量精简，应该以“何时、谁、买什么”为事实的基础，将顾客的姓名、地址、电话号码、专购品（即主要购买本店何种商品）、采购时间5项内容设置在前几列，其他项目不妨另行设置，如顾客的职业、家庭成分和年龄等。

（3）店长要收集客户档案的资料。建立顾客档案时，最大的问题是怎样要求顾客填写。为了解决此问题，可以将起初的记录项目限制于顾客的姓名、地址和电话号码3项内容，而顾客的采购时间和专购品则由顾客口述，填写工作由商店的工作人员来完成，同时可诚恳地向顾客说明建立顾客档案是为通知顾客本店举行特惠促销活动或由本店寄送免费券，折扣券及厂商的新商品介绍用的。

（4）店长要确定客户档案管理的重点内容。

a. 顾客来自何处。要分析顾客来源地区的户数、人数、家庭规模结构、收入水平、性别、年龄、消费爱好等市场因素，据此提供给顾客满意的商品和服务，所以对顾客的调查也是店长对人的管理的重要事项。

b. 顾客需要什么。顾客对各种商品和服务的需要是经常变化的，在收入水平不断提高和顾客个性增强的情况下，这种变化的速度在加快。因此，店长要经常组织对顾客需要什么的调查活动，虚心听取顾客对商店的商品和服务的要求和意见。具体可在各居民点设立顾客意见和要求箱，或者用问卷调查等方法与顾客交流，及时获知顾客的真实需要，建立与顾客之间的良好沟通关系。

（5）店长要修正顾客档案的数据。顾客档案应一年一次定期核对。一年一次向登记在顾客档案中的顾客寄送本店的问卷调查，征求顾客的意见。该表应设有住址变更记录栏，以这样的方法定期把握顾客的迁移情况。同时可采用顾客只要凭填好的问卷调查就能领取精美小礼品的方式，以保证商店能基本收回调查问卷，以此重新确认顾客的档案数据。

（6）店长要建立顾客档案的管理制度。在建立顾客档案的基础上，需要进一步建立完善商店管理制度，其目的是为了确定顾客的重点需求和重点顾客，以便及时进行商品和服务的调整，并把重点顾客逐步转变成商店的稳定顾客群。现代零售业的一个显著特点就是科学地管理顾客，以充分运用 POS 系统所提供的各种信息，通过 IC 卡、磁卡和会员卡等现代化工具进行信息管理。

3. 对供货商的管理

无论是商店的供货商，还是企业内部配送中心的配送人员来商店送货，必须在指定地点，按照连锁企业总部规定的程序执行。

（二）对商品的管理

店长对商店的管理是作业管理的重点，商品管理的好坏是考核店长管理能力的重要标准。商品的管理即有关商店内商品所有作业的管理，若有服务时，其服务也包含在内。

1. 店长对商品陈列的管理

商品陈列是企业商品促进销售的利器，店长对其管理的要点有以下几个：

（1）商品是否做到了满陈列，只有满陈列才能最有效地利用卖场空间，要把陈列货架理解为卖场的实际面积，予以高度重视。

（2）商品陈列是否做到了关联性、活性化。关联性能使顾客增大购买量，活性化则能给顾客一种强刺激，促成购买。

（3）商品陈列是否做到了与促销活动相配合。由于季节性和节假日往往成为企业商品销售的高潮，因此配合这些促销活动的商品特殊陈列，是大幅度增加商店销售额的重要环节。

（4）商品补充陈列是否做到了先进先出，商品在货架上陈列的先进先出，是保证商品质量和提高商品周转率的重要控制手段，店长对这一点的管理要尤为重视。

2. 店长对商品陈列的检查

店长应不定时检查店内各种物品陈列是否有问题，主要有以下几项：

（1）是否按商品配置表来进行商品陈列。

（2）商品陈列是否随季节、节假日等的变化而随时调整。

（3）是否将陈列商品的使用方法一同展示出来。

（4）是否注意到商品陈列的关联性。

（5）陈列商品是否整齐有规则。

（6）商品的形状、色彩与灯光照明是否能有效地组合。
（7）商品的价格标签是否完整、符合要求。
（8）陈列的商品是否便于顾客选购。
（9）陈列的商品是否让人有容易接近的感觉。
（10）陈列的方式是否能突出丰富感及商品的特色。
（11）注意商品是否有灰尘。
（12）是否能显示出商店所经营的主要商品。
（13）促销商品能否吸引顾客的注意力。
（14）商品陈列的位置是否在店员视线所及的范围之内。
（15）货架上的商品出售以后，补货是否方便。
（16）是否有效地利用墙壁和柱子来陈列商品。
（17）商品的广告海报是否已经破旧。
（18）各部门陈列的商品，其指示标志是否明显。
（19）引导顾客的标志是否易见易懂。
（20）陈列设备是否与商品相称。
（21）陈列设备是否安全可靠。
（22）破旧的陈列设备是否仍然在使用。
（23）所有员工对陈列设备的使用方法是否已经详细了解。

3. 店长对陈列商品质量的管理

商品质量是企业的生命。对超市、便利店而言，由于销售的商品基本上是包装过的商品，顾客往往是拆开商品包装后使用时才能判别商品的质量，有些甚至在使用后也不了解商品的质量对自己的影响程度，所以质量对维护顾客的利益来说是至关重要的。店长对商品质量的管理重点，是销售包装的商品在货架上陈列期间的质量变化和保质期的控制，冷冻设备、冷藏设备的完好率，收货、验货的质量把关和搬运与陈列方法的正确操作，以及商品质量的统计资料，并将这些资料及时上报到总部的采购部。

4. 店长对商品缺货的管理

零售业都把缺货称作为“营业的最大敌人”。这是因为商品缺货会使得顾客的需求无法得到满足，顾客量就会流失，导致销售量下降，而如果顾客的需求在其他竞争店得以满足的话，就等于将顾客推向了竞争对手，从而大大削弱了自己的竞争力。

店长要时时刻刻统计商品的缺货率，及时地与供应厂商联系，把缺货率降至最低。目前有些超市由于还有一部分没有采用计算机的销售与订货管理系统，因此缺货率还是较高的，只能依靠店长的严格管理来减少商品的缺货率。当然，根本上还要依靠总部运用计算机来管理商品的进销调存。

5. 店长对商圈内竞争对手所销售商品要了解

店长要对本店商圈内的竞争对手了如指掌，对对手所卖商品的动态要清楚，如商品促销、商品布置、新进商品、商品价格和商品销售状况等。

6. 店长对商品损耗的管理

商品的破包、变质、失窃等因素可能造成较高的损耗率，损耗率的高低是影响获利多少的关键。店长对商品损耗的管理就成为商店节流创利的重要环节。店长对商品损耗管理的主要工作如下：

（1）商品标价是否正确。

（2）销售处理是否合理（如特价卖出、原售价退回）。

（3）商品有效期管理是否到位。如果管理不当，将会引起损耗。

（4）价格变动是否及时。

（5）商品盘点是否有误。

（6）商品进货是否不实，残货是否过多。

（7）员工是否擅自领取自用品。

（8）收银作业是否因错误引起损耗。

（9）是否有因顾客、员工、厂商的偷窃行业引起的损耗。

（三）对现金的管理

对商店而言，现金管理是极其敏感、重要的事。

商店的交易，最终要在收款机前实现，收款机是为收款和记录销售而设置的，因此，店长对现金管理的重点，在于对收银和进货票据的管理。对收银管理又必须加以督导、抽验。

1. 每日营业收入的管理

营业收入管理的目的之一，是为了保证经营管理的最后成果的安全性。各店的营业款解缴必须按照以下规定操作：

（1）每天的营业收入，应由银行派人收款存入公司账户；否则应摆放于店内保险箱中。

（2）每家商店可根据实际情况配备保险箱一只，用于存放过夜营业款，保险箱钥匙由商店店长保管。

（3）收银员的营业收入结算，除了在交接班和营业结束后要进行外，每天要在一个固定时间做单日营业的总结算，这个时间最好选择在 15：00－16：00，这样可避免营业的高峰，也可以在银行营业结束之前进行解款。在每天这个总结算时间如每天 15：00，结出的营业收入，代表上一日 15：00 至本日 15：00 的单日营业总收入金额。

（4）在进行总结算时，应将所有现金、购物券等一起进行结算。结算后由收银员与值班长在指定地点面对面点算清楚，并填写每日营业收入结账表，由收银员和值班长签名，该结账表是会计部门查核和做账的凭证。

（5）值班长在收银员清点营业款后，打印收银员日报表，并与现金解款单核对，收银损益在现金解款单中写明，然后将现金与现金解款单封包并加盖骑缝章，最后在交接簿中登记，移交给店长。

（6）店长将收到的营业款存入保险箱，如有银行上门收款的，在银行收款员上门收款时，在交接簿上登记并交给银行收款员；如解缴银行的，应由专人（最好是两人）存入指定的银行，如可由店长在当班时解缴银行，同时最好对营业款存入银行的时间、路线等做出规定，以免发生意外。

（7）店长每日打印销售日报表，并收齐当日收银员报表与现金解款单，同时按总部规定的时间送到总部财务部。

2. 收银员的管理

对收银员的管理往往是用控制收银差错率来进行的。商店收银差错率有一个控制标准，如万分之五，如果差错率无法控制在这个标准之内，对企业造成的损失是很大的。

除此之外，收银管理的其他主要事项如下：

（1）假币；

（2）退货不实；

（3）价格数值输入错误；

（4）亲朋好友结账少输入；

（5）内外勾结逃避结款；

（6）少找顾客钱；

（7）直接偷钱。

3. 交接班金钱的管理

为了分清各班次收银员金钱管理的责任，交接班时应注意以下几项：

（1）交班收银员在交班前应将预留的额定零用金备妥；

（2）应准备一本现金移交簿，用于营业现金的交接签收；

（3）有些便利店是24小时营业，通常24小时营业商店的交班收银员应取出收款机中的现金，先将额定备用金清点给下一班收银员，然后清点营业款，收银员将清点好的营业款填写现金解款单；

（4）传统的一般商店，必须定时打烊休息，打烊时，收银员在清点额定备用金时，店长应当场监点，并将备用金放入收款机内，供次日收银员找零。次日上班的收银员上班营业前，应打开收款机，清点额定备用金，发现不符应及时记录，并向店长报告。

4. 大额钞票的管理

收银台内若有大额钞票，必须善加处理。

（1）收银台处不仅人员出入频繁，也是卖场唯一放现金的地方，其安全状况要格外重视。尤其是在找钱给顾客时，并不需要用到最大面值的现钞，因此无须将大钞放在收款机抽屉内的现金盘内，为安全起见，可放在现金盘的下面，以现金盘遮盖住。

（2）当抽屉内的大额钞票累计到一定数额时，应立即请收银主管或店长收回到保险箱内，此作业称为中间收款，可避免收银台的现金累积太多而引发歹徒作案。即使真遇到歹徒强行抢劫，因大额钞票已经收走，从而可使商店的损失降到最低。

（3）收取大额钞票时，应暂停收银台的结账作业，将现金放在特定的布袋内，然后系在手上带走，并随时注意四周的情况。

（4）每次收大额钞票时，经过点数后，必须将收取的现金数额、时间登记在该收银台的中间收款记录本内，由收银员及收银主管分别签名确认。每台收款机应分别设置中间收款记录本。

（5）大额钞票送到保险箱，也必须登记在保险箱收支本内，并将日期、时间、收款机号、金额及累积数额填写清楚，登记者必须签名以示负责。

5. 零用金的管理

各种商店为应付客户找零的需要，必须准备若干零用金，在执行上，要注意下列重点：

（1）零用金应包括各种面值的纸钞及硬币，其数额可根据营业状况来决定，每台收款机每日的零用金应相同。

（2）每天开始营业前，必须将各收款机开机前的零用金准备妥当，并铺在收款机的现金盘内（有的商店是将上一次结账结束后置放的零用金作为下一次开机前的零用金，但这样并不安全，因为可能引诱盗窃者将收款机损毁）。

（3）除每日开机前的零用金外，各商店还应备有足够数额的存量，以便在营业时间内随时为各台收款机提供兑换零钱的额外需要。因此，收银员应随时检查零用金是否足够，以便及时兑换。

（4）零用金不足时，切勿大声喊叫，也不能与其他收银台互换，以免混淆账目，一般可请店长或理货员进行兑换。

（5）执行零用金兑换作业时，应填写兑换表，并由指定人员进行。兑换时必须经过收银员与兑换人员双方对点清楚。完成兑换之后，应将兑换表收存在指定位置，以便日后查核。

6. 试验性的购物检验

为了评价收银员在为顾客做结账服务时的工作表现，店长每日在不固定的时间随机查询、督察是非常重要的，因为制度只有靠人监督才能得到有效的执行。例如：日本的7－11连锁店是专员巡视检查；肯德基炸鸡店是“神秘顾客”，即公司派出的专员以顾客的身份出现在炸鸡店中，根据自己所接受的一系列服务，按营业手册所规定的标准，对商店的营业水平进行检查。参考表4－18。

表4－18　　试验性购物记录表

收银员姓名		收银员号码		商场号码	
收款机号码		收款机类型	□机械　□电子　□扫描		
职员是否带证件	□是　□否		是否穿工作服	□是　□否	
	出现错误的商品	部门	标价	登记价格	差额（±）
1					
2					
正确总计		登记总计		差额（±）	
其他错误或程序错误					
1. 是否检查了购物车？		□是　□否			
2. 是否唱付？		□是　□否			
3. 折扣券操作是否正确？		□是　□否			
4. 是否要求检查价格？		□是　□否			
5. 现金操作是否正确？		□是　□否			
6. 是否扫描？		□是　□否			
7. 找钱是否正确？		□是　□否			
8. 包装是否合适？		□是　□否			
备注： 这是一个完全正确的交易吗？　□是　□否					

店长可指定人员来（店）进行购物检验，检查店内的收银作业，方法如下：

（1）选择20～30种不同性质的或来自不同部门的商品，如上几周特价商品、要称量的商品、几个外包装相似但价格不同的商品等。

（2）付款时，提供几张折扣券和一张过期的购物卡。

（3）购物结算时，再多买一项商品。

（4）每次试验的结果必须记录在收银员准确记录卡上，并注明错误的种类。

店长必须和收银员讨论试验中出现的错误，对收银完全正确的收银员则予以表扬。

（四）对信息的管理

身为店长，必须将本店的各种信息加以汇整、传递到总公司，并将总公司所传来的信息报告加以分析，以便借此改善本店的运营状况。

不懂得信息管理的店长不是好店长，懂得信息管理是对现代化的零售业店长的基本要求。在运用POS系统来管理的商店中，店长会很快得到有关经营状况的准确信息数据，店长要对这些数据进行分析研究，做出改进经营的对策。

例如：商店最常使用的POS系统，可以迅速分析出公司、商店的运营状况；而从各种财务报表（如损益表、费用表）中，可以看出影响利润变化的关键因素。

店长对信息管理的重点说明如下。

1. 商品销售日报表

POS系统所做出的销售日报表可反映出日销售总额、商品部门时段别的销售额和销售比重、来客总数、来客平均购买额、来客购买商品的品项数和每个品项的平均单价，并可据以分析每个商品项目对利润的贡献，从而有助于确定增加或删除哪些商品项目。

2. 商品销售排行表

商品销售排行表主要包括销售额排行、毛利率排行、销售比重排行、销售额和量和交叉比率排行等数据，使商店有能力追踪不同商品销售额的变化，分析商品受欢迎程度，调整广告和促销策略。

3. 促销效果表

促销效果表主要反映促销活动中销售额变化率、顾客增加率、来客平均购买额变化率、毛利率变化、促销活动前后的差异比较等。

4. 费用明细表

费用明细表主要反映各项费用的金额和所占费用总额的比重等资料。

5. 盘点记录表

盘点记录表主要反映各部门商品存货额和周转率等。

6. 损益表

每月的损益表所包含的内容有销售额、毛利额、损耗额、费用额等资料。

7. 顾客意见表

重视顾客意见的超市，都会在计算机设定程序时，要求POS系统列出顾客意见表。该表所反映的内容是：顾客意见的内容、意见的件数、意见所指的商品部门和服务项目、顾客满意的内容、满意的件数和部门。经过良好管理素质培训的店长会较容易地根据这些信息数据，把计算机的定量分析与由人做的定性分析结合起来，迅速地做出相应的改进对策，保证超市经营业绩蒸蒸日上。

（五）CCFA 金牌店长评选的标准

“金牌店长”基本条件如下：

（1）在本企业工作三年以上，从事店长工作两年以上的在职店长。

（2）所在门店经营状况优异，业绩位于本企业前列。

（3）乐于分享营运管理经验。

（4）所在门店近一年无商品质量、食品安全等重大事故，且无负面新闻报道。

项目五　财务会计岗位基本操作

【知识目标】

强化财务会计的原始凭证填制方面的相关知识、原始凭证审核方面的知识和记账凭证填制方面的知识。

【能力目标】

能够结合原始发票填制一份完整的原始凭证；能够发现原始凭证填制中的基本错误；能够填写一份完整的记账凭证。

财务会计是一个与数据打交道的岗位，准确及时的数据也是企业管理者监控企业的重要依据。只有准确把握企业的现在，管理者才能更好地规划企业的未来，制定正确的发展战略。因此，财务会计是企业经营中的重要岗位之一。本项目要训练学生的会计基本技能，通过本项目的训练，学生要学会如何填写报销单据？如何填制原始凭证？如何填制记账凭证？

任务一　填制报销原始凭证

企业的每位员工在承担企业工作过程中，都有可能因出差、购买资产等行为为企业支付某些费用，这些费用由企业承担，但必须经过一系列的财务程序，才能得到你所垫付的资金。这一系列的财务程序的起点就是填制报销单据。

【案例引导】

某公司报销发票的要求及粘贴办法

一、总要求

（1）发票必须是财政或税务的正规票据（有财政局或税务局监制章），或特殊行业的票据（邮局、铁路）。

（2）发票上必须要有名称（如：抬头写“北京邢钢焊网科技发展有限责任公司”）、报销事项、单价、数量、金额等。

（3）发票上的金额若有大小写的，大小写金额必须相符，且金额不得涂改。

（4）发票上应注明开出日期，要有经办人的签名或盖章。

（5）发票上必须加盖开出单位的财务专用章或营业章。

（6）发票不得涂改、挖补。同一张发票的笔迹应出自同一人之手。

（7）发票的开具项目和发票的种类相符（如服务业发票的内容不能开钢材，国税发票的内容不能开具餐费）。

二、发票分类

1. 交通类票据

（1）民航部门的飞机行程单。

（2）铁路部门的火车票，中途补票。

（3）长途汽车公司的发票。

（4）轮渡公司的发票。

（5）出租车发票。

（6）公交车车票。

（7）机场、火车站打包、存取费票据。

（8）航空订票、退票费。

2. 住宿类票据包含各出差所在地的机打、手工、定额发票

3. 招待类发票包含餐饮发票、休闲场所发票、旅游费、食品购买发票

4. 公务用车类发票包含加油票、停车费、过路过桥费

5. 通信类发票包含移动、电信、联通运营商开出的当月话费发票

6. 邮寄类发票包含中国邮政及其他快递公司开具的正规发票（注意：不是快递单）

7. 办公类发票包含办公用品购买发票，打字、复印、刻章、证件类发票，宽带使用费发票、购买标书费

三、发票要求

1. 发票真实性要求

根据会计法律法规规定，会计单据必须真实、合法，不得用虚假发票或不符合要求的单据报销做账。发票金额小于等于500元的，由报销人自己核实发票真伪，并保证报送财务报销的发票为真实、合法的，发票金额高于500元的，由财务部负责核实。有意提供假发票的，该项目费用不能报销，并按照同样的金额予以罚款。

2. 贴票位置要求

为了月底装订凭证整齐，故要求差旅费和办公费的报销单贴票位置：左侧不得超过费用目录表最左侧的边框，右侧不出报销单边界。

3. 贴票的分类要求

要求严格按照报销单目录项，分类、按时间顺序整理贴票，并在报销单目录栏中汇总出金额、张数。少数特殊费用，可以根据类别贴在差旅费或办公费报销单的其他项中，并简要注明报销事项。

4. 票面事项摘要说明要求

（1）对发票中需要特殊标注、说明的，要注明发票未能显示的事项信息。

（2）住宿票：需要有天数、人数、合计金额、开票时间、住宿起止日期等；机打发票，手写无效，印章齐全，清晰可辨。

（3）汽车发票的起止地点、日期要注明；飞机票需由公司总经理签批。

【实训任务】

每位同学收集自己消费时留下的发票，可以是车票、餐票、通讯费等发票20张左右，用粘贴单按照要求粘贴好，并填写报销申请单，将报销申请单与原始单据粘贴在一起，做成费用的原始凭证。事由是拜访客户。

【实训步骤】

1. 每位同学在实训开始前收集消费时留下的发票约20张
2. 回顾原始凭证制作工作的相关知识
3. 用粘贴单粘贴好发票
4. 填写报销申请单
5. 将报销申请单和粘贴单粘在一起并请相关的责任人签字，制作成完整的原始凭证
6. 完成并上交技能训练报告

实训报告格式

实训报告表

实训报告		
学号	姓名	时间
实训内容：	分数	
实训目的：		
实训步骤：		
实训总结：		
实训建议：		

【相关知识】

如何粘贴原始凭证

原始凭证粘贴一般要求达到“四边齐、表面平、无凹凸、书本型”的标准，即表面平整，左边和中间无凹凸现象，上下左右各成平面；凭证内部分类清晰、位置到位、排列美观、数量易记。

（1）在空白报销粘贴单上将原始报账凭证按小票在下、大票在上的要求，从右至左

呈阶梯状依次粘贴。

（2）将已填写完毕的正式报销单粘贴在已贴好的原始报销凭证的空白报销单上（将左面对齐粘贴）。

（3）所有原始凭证必须在粘贴单上由上而下、自左至右、均匀排列粘贴。将胶水涂抹在票据左侧背面，从装订线（粘贴单左侧 2 厘米位置）开始粘贴，将票据向右边均匀排开横向粘贴，注意不要将票据集中在粘贴纸中间，以免造成中间厚四周薄、凭证装订起来不整齐的现象；每张发票均应直接粘贴在单据粘贴单上，而不能将一张发票粘在另一张发票上，以免日后全部脱落丢失；粘贴的原始凭证必须在粘贴单的装订线内，上方及右方不得超出粘贴线，个别规格参差不齐的凭证，可先裁边整理后再行粘贴，但必须保证原始凭证内容的完整性，如图 5－1 所示。

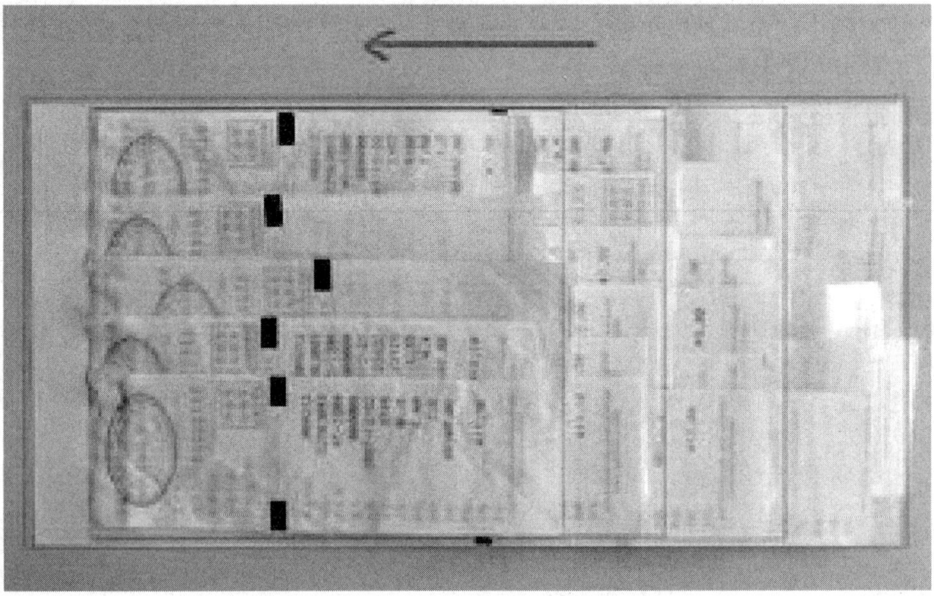

图 5－1　票据粘贴示意图

（4）原始凭证应按照报销的经费项目进行分类整理，如办公费、招待费、差旅费、车辆使用费等，应按照类别分别粘贴，把相同费用项目的原始凭证粘贴在一起。

（5）原始凭证粘贴的规则是：从下向上，从右向左，齐线齐边，超大剪折。具体操作时，只需粘牢原始凭证的左侧部分，不用将背面全部贴实，同时要将褶皱的凭证摊开、压平，对破损的凭证还要进行修补。如能将凭证按顺序号或日期稍作编排更好。

（6）原始凭证的类型。以粘贴纸规格为标准，可分为一般凭证、同规格凭证、超大凭证三种。

粘贴一般凭证。实际工作中，一般凭证数量最多。此类凭证经过初步编排后，按照“从下向上，从右向左”的方式粘贴。首先从粘贴纸的右下角开始，齐线齐边的下贴一张、上贴一张，适度左移后再下贴一张、上贴一张，粘贴的距离根据凭证数量的多少来确定，但必须在粘贴纸左侧留出装订的位置。尺寸太小的凭证如汽车票，可按下、中、上或右、中、左的方式进行复式粘贴，但不得累压粘贴。如果凭证数量少，可下贴一张、上贴一张或右贴一张、左贴一张；但凭证数量多时，就要均匀排列，不能贴成“大肚子”。必要的时候，可多次重复使用粘贴纸。

粘贴同规格凭证。一般情况下，与粘贴纸大小完全相同的原始凭证较少，要么长度相同、要么宽度相同。长度相同，考虑粘贴的宽度；宽度相同，则考虑粘贴的长度。剩下的步骤，可以参照一般规格凭证的粘贴方法。

粘贴超大凭证。工作中，还会遇到规格比粘贴纸大很多的原始凭证或“附件”，在具体粘贴时先要进行分类：不影响主要内容的，可将多余部分修剪后再粘贴；不可修剪的，只能通过折叠的办法处理，除特殊情况外，一般方法为齐左折右或齐上折下，并要在装订位置适度粘贴，右折和下折位置要留有余地，以免日后凭证磨损。如果同类票据大小不一样，可以在同一张粘贴纸上按照先大后小的顺序粘贴；票据比较多时可使用多张粘贴纸；对于比粘贴纸大的票据或其他附件，粘贴位置也应在票据左侧，沿装订线粘贴，超出部分可以按照粘贴纸大小折叠在粘贴范围之内。一张粘贴单粘贴数量最多不可超过30张。报销票据如有增值税发票的要把抵扣联单独交给相关会计，不得和发票联一起粘贴到粘贴单上。发票盖章必须为“发票专用章”，盖章必须清晰。

（7）出差报销凭证（如住宿费、过桥过路费、车船票等），均应使用差旅费报销单（表5－1）做封面。粘贴时，应先将原始凭证粘贴在单据粘贴单上，然后加贴差旅费报销单，不得直接在差旅费报销单的背面粘贴报销凭证。出差期间因工作需要支出的招待费凭证需单独粘贴，不得混同于差旅费报销。车辆费用要按时间顺序粘贴，并且在报销单上注明车号。

表5－1　　差旅费报销单样本

差旅费报销单

20 年　月　日

<table>
<tr><td colspan="2">部门名称</td><td colspan="2">采购部</td><td colspan="2">姓名</td><td colspan="2">张某</td></tr>
<tr><td colspan="2">出差事由</td><td colspan="2">采购</td><td colspan="4" rowspan="2">出差日期自20　年　月　日至20年　月　日</td></tr>
<tr><td colspan="2">地点</td><td colspan="2">杭州</td></tr>
<tr><td rowspan="3">项目
金额</td><td colspan="3">交通工具</td><td rowspan="2">补贴</td><td rowspan="2">住宿费</td><td rowspan="2">伙食费</td><td rowspan="2">其他</td></tr>
<tr><td>火车</td><td>汽车</td><td>市内交通费</td></tr>
<tr><td>630</td><td>80</td><td>80</td><td>40</td><td>800</td><td>260</td><td>40</td></tr>
<tr><td colspan="2">报销总额</td><td colspan="6">人民币（大写）壹仟玖佰叁拾元整　¥1930.00</td></tr>
<tr><td colspan="2" rowspan="2">预借差旅费</td><td colspan="2" rowspan="2">¥3000.00</td><td colspan="2">补领金额</td><td colspan="2"></td></tr>
<tr><td colspan="2">退还金额</td><td colspan="2">¥1070.00</td></tr>
</table>

财务负责人：周某　　部门领导签字：王某　　领款人：张某

表5-2　　借据样本

借据

20　年　月　日

借款金额	叁仟元整		¥3000.00
借款事由	公务出差		
总经理批示	财务负责人	部门负责人	借款人
刘某	周某	王某	张某

（8）票据粘贴完整后，经办人在票据背面签名，汇总票据金额，注明票据的张数，由经办人与审批人签字，经办人与审批人的签字应写在票据的右上角便于装订，到财务部报销。

粘贴好的原始凭证与记账凭证一起加封面进行装订，装订后要达到“四边齐、表面平、无凹凸、书本型”的标准。

（9）纠正几种不正确的粘贴方法：

1）把原始凭证用订书钉钉在一起，有的用大头针穿在一起或用曲别针夹在一起。正确的是：票据都应该用粘贴的方法粘在一起。

2）把原始凭证累成一叠粘在一起，并且粘在《报销凭证粘贴用纸》的中间（票据不平整），把它附在记账凭证后面，造成记账凭证左边装订处出现空隙，使凭证难装订或装订不牢。正确的是：票据应该呈鱼鳞状、从左至右顺序粘贴。

任务二　审核原始凭证

原始凭证是用来记录经济业务发生情况的。由于经济业务千变万化，因此，原始凭证的格式和内容也是多种多样的。无论哪一种原始凭证，一般都应该具备一些基本内容。这些内容称为原始凭证的基本要素，包括：

（1）原始凭证的名称；

（2）填制单位或部门的名称；

（3）填制日期和凭证编号；

（4）接受凭证的单位名称；

（5）经济业务的内容摘要；

（6）经济业务的实物数量、单价和金额；

（7）填制单位和经办人的签名或盖章，从外单位取得的原始凭证应盖有填制单位的公章或财务专用章。

此外，有些原始凭证还可视需要增加其他内容，如定额指标、合同号码等。

【案例引导】

星海有限公司发生了以下经济业务，填制了相应的原始凭证如下：

1. 为支付给杭州西子有限责任公司货款20万元，向银行申请汇票，填写汇票申请书（表5－3）。

表5－3　　**中国工商银行汇票申请书（存根）**

申请日期：2014年9月8日

<table>
<tr><td>申请人</td><td>星海有限公司</td><td colspan="3">收款人</td><td colspan="7">杭州西子有限责任公司</td></tr>
<tr><td>账　号
或住址</td><td>800－500－600</td><td colspan="3">账　号
或住址</td><td colspan="7">421－658－607</td></tr>
<tr><td>用　途</td><td>购货</td><td colspan="3">代理
付款行</td><td colspan="7">杭州西子路分理处</td></tr>
<tr><td rowspan="2">金　额</td><td rowspan="2">人民币（大写）贰拾万元整</td><td>千</td><td>百</td><td>十</td><td>万</td><td>千</td><td>百</td><td>十</td><td>元</td><td>角</td><td>分</td></tr>
<tr><td></td><td>¥</td><td>2</td><td>0</td><td>0</td><td>0</td><td>0</td><td>0</td><td>0</td><td>0</td></tr>
<tr><td colspan="2">备注</td><td colspan="10">科　　目
对方科目

账务主管　王凌　　　复核　李四　　　经办　张三</td></tr>
</table>

第二联：记账联

2. 收到银华公司支付的前期欠付的货款3万元，出具收据（表5－4）。

表5－4　　**收　　据**

2014年9月26日

今收到：银华公司

人民币（大写）：叁万元整　　　　¥30000.00

收款事由：前期欠货款

收款单位：星海有限公司　　　　收款人：王　微

3. 收到杭州西子有限责任公司发来的C材料1000千克，单价为160.93元/千克。填制材料验收入库单（表5－5）。

表5－5　　**材料验收入库单**

2014年10月9日

供应单位：杭州西子有限责任公司

材料类别	材料名称	单位	数量	实收数量	单价	金额
101	C材料	千克	1000	1000	160.93	¥160930.00
合计			1000	1000	160.93	¥160930.00

第二联：记账联

仓库主管：张峰　　材料会计：李梅　　收料员：王菲　　经办人：谢娜　　制单：赵强

【实训任务】

大学生超市发生了以下经济业务，请填制相应的原始凭证并相互审核（指导教师可适当增加原始凭证制作任务）。

1. 为支付给东城荣升贸易有限责任公司货款6万元，向银行申请汇票，填写汇票申请书（账号和代理付款行等信息可以虚拟）（表5－6）。

表5－6　　**中国工商银行汇票申请书（存根）**

申请日期：　　年　月　日

申请人		收款人										
账　号 或住址		账　号 或住址										
用　途		代理 付款行										
金　额	人民币（大写）		千	百	十	万	千	百	十	元	角	分
							0	0	0	0	0	0
备注	科　　目 对方科目 账务主管　　　　复核　　　　经办											

第二联：记账联

2. 收到管理科学系支付的前期欠付的货款1万元，出具收据（表5－7）。

表5－7　　**收　　据**

年　月　日

今收到：______________________________

人民币（大写）：______________________________

收款事由：______________________________

收款单位：　　　　　　　　　　　　　　收款人：

3. 收到东城荣升贸易有限责任公司发来的加多宝饮料50箱，单价为500元。填制商品验收入库单（表5－8）。

表5－8　　**商品验收入库单**

年　月　日

供应单位：

商品类别	商品名称	单位	数量	实收数量	单价	金额
合计						

第二联：记账联

仓库主管：　　　材料会计：　　　收料员：　　　经办人：　　　制单：

【实训步骤】

1. 分组，四人一组，确定组长
2. 回顾原始凭证审核工作的相关知识
3. 每位同学都完成任务 1 ~ 3
4. 组员相互检查，组长牵头讨论并确定正确凭证制作方法
5. 装订制作好的原始凭证
6. 完成并上交技能训练报告

实训报告格式

实训报告表

实训报告		
学号	姓名	时间
实训内容：	分数	
实训目的：		
实训步骤：		
实训总结：		
实训建议：		

【相关知识】

一、原始凭证的填制要求

原始凭证是经济业务的原始记录，是会计工作的基础。为了保证会计核算资料的真实、正确和及时，对原始凭证的填制有一定的要求。

（一）基本要求

1. 真实可靠

原始凭证必须如实地记录经济业务的发生和完成情况。每一张原始凭证上记录的内容都必须符合实际情况，包括凭证上填写的日期、经济业务内容、数量、金额等，不得弄虚作假。同时，真实性还要求原始凭证上填列的数字、文字都必须清晰、正确，易于辨认。只有做到内容真实、数据准确，才能保证会计信息的可靠性和客观性。

2. 内容完整

凡是原始凭证中应予填写的各项内容，都必须填写齐全，不得遗漏。包括应由有关经办人员或责任人签字或盖章，对外开具的原始凭证应加盖公章或财务专用章等。

3. 填制及时

原始凭证应在经济业务发生或完成时及时填制，并按照规定的程序和手续传递至有关业务部门和会计部门，以便及时办理后续业务，进行会计审核和记账。

（二）具体要求

由于各项经济业务千差万别，各单位在管理上的要求也各不相同，因此使得原始凭证在具体的内容和格式上存在很大的差异。在原始凭证填制时，除了应达到上述基本要求外，对于不同业务所使用的原始凭证，还有若干具体要求。

1. 手续完备

在按规定逐项填写每张原始凭证的相关内容和项目后，还要求：

（1）除某些特殊外来原始凭证外（如火车票、汽车票等），从外单位取得的原始凭证必须盖有填制单位的公章或财务专用章。没有公章的原始凭证应视为无效的原始凭证，不能作为编制记账凭证的依据。这也就要求企业或单位在对外单位开具原始凭证时，必须加盖本单位的公章或财务专用章。

（2）从个人取得的外来原始凭证，必须有填制人员的签名或盖章。为了谨慎起见，还应在原始凭证上注明填制原始凭证的个人的经济地点或居住地点。

（3）自制原始凭证，应有经办人员或经办单位负责人的签名或盖章，经办单位领导指定人员的签名或盖章也视为有效。

（4）凡是购买实物的原始凭证，必须有实物验收说明；支付款项的原始凭证，必须有收款单位和收款人的收款证明，付款人不能自己证明自己已经付出款项。

2. 填写规范

原始凭证填写应做到文字简明、字迹清晰、书写规范，具体规范包括：

（1）填写原始凭证必须使用蓝（黑）墨水书写，不得使用铅笔或圆珠笔；文字端正，清晰整洁，易于辨认，不得使用未经国务院公布的简化字。

（2）填写原始凭证的数码必须标准。阿拉伯数字要逐个填写，不得连写。金额数字前应填写人民币符号“￥”；若是用外币结算的凭证，金额数字前必须填写外币符号，如“HK＄”（港元）、“US＄”（美元）、“￡”（英镑）等，且数字与货币符号之间不得留下空位。凡是阿拉伯数字前写有人民币或其他货币符号的，数字后面不再写“元”。所有以“元”为单位的阿拉伯数字，除表示单价等情况外，一律填写到角、分；无角、分的，角位和分位可写上“00”或用符号“－”表示；有角无分的，分位应写上“0”，不得用符号“－”代替。

（3）汉字大写金额，一律用正楷或行书写，“壹”“贰”“叁”“肆”“伍”“陆”“柒”“捌”“玖”“拾”“佰”“仟”“万”“亿”“元”“角”“分”“零”“整”等，以防涂改。不得用“一”“二”“三”“四”“五”“六”“七”“八”“九”“十”“0”“毛”等字代替；不得任意自造简化字。大写金额最后如为“元”或“角”的，应加“整”字断尾；如为“分”的，分字后面不写“整”字。大写金额数字前未印有“人民币”字样的，应加填“人民币”字样，且其与金额数字之间不得留有空位。金额中间如有一个“0”或连续几个“0”的，大写金额只用一个“零”字表示，如金额￥30050.80，汉字大写金额应写为：人民币叁万零伍拾元捌角整。

（4）两联或两联以上套写的凭证，必须全部写透，防止出现上联清楚、下联模糊，甚至上下联金额不一致的现象。

（5）填写错误的更正应规范。原始凭证若有填写错误，不得随意涂改、刮或挖补，须划线更正，即：将写错的文字或数字用红线划掉，再将正确的文字或数字写在划线部分的上方并加盖经手人印章。但提交银行的各种结算凭证上的数字大小写金额一律不得更改，如遇凭证填写错误，应加盖“作废”戳记，保存备查，并重新填写。

（6）填写支票时，支票日期必须使用中文大写。在填写月、日时，若月为壹、贰和壹拾，日为壹至玖和壹拾、贰拾和叁拾的，应在其前加“零”，如2014年1月5日应写为“贰零壹肆年零壹月零伍日”；日为拾壹至拾玖的，应在其前加“壹”字，如2014年11月15日应写为“贰零壹肆年壹拾壹月壹拾伍日”。

3. 连续编号

各种原始凭证必须连续编号，以便查考。如果凭证上已预先印定编号，如发票、支票、收据等，在因填写错误或其他原因而需要作废时，应加盖“作废”戳记，连同存根和其他各联整联保存，不得随意撕毁，不得缺联。

4. 红字发票的使用

企业发生销货退回时，要先填制退货发票，即红字发票，冲销原有记录。但红字发票不能作为退款的证明，既红字发票不得代替退款的原始凭证。在退货退款时，还必须取得对方的收款收据或银行出具的汇款凭证（记账联）作为证明。

5. 原始凭证分割

一张原始凭证所列支金额，需要由几个单位共同负担，应将其他单位负担的部分开出原始凭证分割单，作为给对方的原始凭证，凭以结算所发生的款项。原始凭证分割单必须具备原始凭证的基本内容，包括：凭证名称、填制凭证日期、填制凭证单位名称、接受凭证单位名称、经济业务内容、数量、单价、金额和费用分摊情况、经办人的签名或盖章等。

6. 原始凭证汇总表的编制

对发生频率极高，性质、内容相同，只是每张凭证反映金额不同的原始凭证，可以定期加以汇兑，编制原始凭证汇总表。被汇总的原始凭证，如果数量不多，可直接附在原始凭证汇总表后面；如果数量过多，应单独编号装订，妥善保管，以备查考。

7. 原始凭证遗失处理

从外单位取得的原始凭证如有遗失，应取得原签发单位盖有财务专用章的证明，以证明原始凭证号码、金额等内容，或将原始凭证存根复印一份，经单位负责人批准后代作原始凭证。对于遗失车票、机票等确实无法取得证明的，由当事人写出详细情况，经单位负责人批准后代作原始凭证。

8. 重要的空白原始凭证的保管

对于重要的空白原始凭证，如空白发票、空白收据，以及运输企业的空白车票、船票等，应指定专人保管，领用时应填写领用单，并要注明用途、领用单位或部门、空白原始凭证的起讫号码。用完后应用存根销号。

9. 特殊业务处理的原始凭证

经有关部门批准办理的某些特殊业务的处理，要求将批准文件作为原始凭证的附件，年终，若批准文件需要单独归档或另外保管，应在凭证上注明批准机关名称、日期和文件字号，或以复印件作为附件替换正式文件。

二、原始凭证的审核

为了保证会计信息的客观、真实和正确，在记账前，会计主管人员或指定的审核人员必须对原始凭证进行严格的审核。原始凭证的审核内容主要有以下几个方面。

（一）真实性审核

对原始凭证真实性的审核，就是审核原始凭证所反映的经济业务是否是其本来面貌，有无被掩盖、歪曲或篡改等情况或迹象。

1. 经济业务涉及的当事人的真实性审核

经济业务所涉及的双方当事人必须是真实的，包括原始凭证的出具单位和接受单位，以及有关的责任人都应当据实填写，不得冒用他人或他单位之名。

2. 经济业务发生的时间、地点及凭证填制日期的真实性审核

经济业务发生的时间、地点及凭证的填制日期必须是真实的，不得将业务发生的真实时间随意提前或推后，不得人为改变业务的实际发生地点，也不得改变凭证的实际填制日期。

3. 经济业务内容的真实性审核

必须如实填写经济业务的内容，是领用材料业务，就应标明领用部门、用途，以及被领用材料的名称、规格等，不得将福利部门领用的材料填写成生产部门领用的材料而挤入产品成本，不得将领用甲材料填写成领用乙材料而调节成本。

4. 经济业务量的真实性审核

经济业务量就是经济业务所涉及的数量和金额，要求必须是真实的，不得多填或少填数量，不得压低或抬高单价从而多计或少计金额。

（二）完整性审核

原始凭证各要素是否填完整，相关手续是否齐全，是原始凭证完整性审核的主要内容。要素填写不完整的原始凭证，原则上应退回重填，特殊情况下须经旁证和领导批准才能作为编制记账凭证的依据。至于手续不完备的原始凭证（如经办人未签名或盖章；需要旁证的原始凭证，旁证不齐；须经领导签名批准的原始凭证，领导未亲笔签名等），应退回补办手续后再受理。

（三）合法性、合规性审核

应查明原始凭证所记录的经济业务是否合法、合规，有无违反法令、法规、制度的行为，如收受的是否是假发票、个人报销事项是否属于制度允许的范围等。对于不合法、不合规、不真实的原始凭证，会计人员应拒绝受理，并向本单位领导汇报；必要时，可向上级领导机关反映有关情况。对于弄虚作假、徇私舞弊，伪造涂改凭证等违法行为，会计人员应扣留原始凭证，并向领导提出书面报告，请求给予严肃处理。

任务三　记账凭证制作

记账凭证是会计人员根据审核无误的原始凭证或原始凭证汇总表，按经济业务性质加以归类整理后编制的，主要是为记账做好准备工作，以确保账簿记录的准确性。无论是哪一类记账凭证，一般都应具备下列基本要素：

（1）记账凭证的名称；

（2）填制日期和凭证编号；

（3）经济业务的内容摘要；

（4）应借、应贷的账户（包括总账目和明细科目）和金额；

（5）记账备注用作记账备忘或过账对照；

（6）所附原始凭证的张数；

（7）会计主管、记账、出纳、复核、制单等有关人员的签名或盖章。

【案例引导】

例1：北京鑫发地商品零售公司是一家零售企业，为增值税一般纳税人，增值税税率为17%。公司2014年7月5日购入乙商品10000个，进价6元，当日根据增值税专用发票、账单通过银行转账支付了价税款，同时该商品由百货柜验收入库，商品的含税零售价为9.36元。

北京鑫发地商品零售公司的会计处理如下：

借：库存商品　　93600

　　应交税费——应交增值税（进项税额）　　10200

　　贷：银行存款　　70200

　　　　商品进销差价　　33600

假如公司7月7日收到商品验收入库，则会计处理如下。

7月5日付款时：

借：在途物资　　60000

　　应交税费——应交增值税（进项税额）　　10200

　　贷：银行存款　　70200

7月7日入库时：

借：库存商品　　93600

　　贷：在途物资　　60000

　　　　商品进销差价　　33600

例2：蓝鸟商厦发现2014年3月购进的女裤有10条不符合质量要求，与厂家联系后同意退货。裤子每条进价80元，售价100元。

（1）裤子退货后，根据服装组转来的红字收货单，会计处理如下：

借：库存商品　　1000（红字）

　　贷：在途物资　　800（红字）

商品进销差价　　200（红字）

（2）收到对方开来退货的红字增值税专用发票，退货款800元，增值税136元，款项未收到。会计处理如下：

借：在途物资　　800（红字）
　　应交税费——应交增值税（进项税额）　　136（红字）
　　贷：应收账款　　936（红字）

例3：2014年3月3日，万联商厦各营业组销货款（含税）：百货组81900元，针织组93600元，服装组58500元，收入现金由出纳全部送存银行，取得银行收款单。

万联商厦的会计处理如下：

借：库存现金　　234000
　　贷：主营业务收入——百货组　　81900
　　　　　　　　　　——针织组　　93600
　　　　　　　　　　——服装组　　58500

借：银行存款　　234000
　　贷：库存现金　　234000

同时，按售价（含税）注销库存商品，结转主营业务成本。

借：主营业务成本　　234000
　　贷：库存商品——百货组　　81900
　　　　　　　　——针织组　　93600
　　　　　　　　——服装组　　58500

例4：某商品流通企业在财产清查中盘亏库存商品售价5000元，库存商品进价为4000元，经查部分属于保管员责任，已经向其索赔1000元，其余部分原因不清，经批准计入营业外支出。

相应会计处理如下：

借：待处理财产损溢——待处理流动资产损溢　　4680
　　商品进销差价　　1000
　　贷：库存商品　　5000
　　　　应交税费——应交增值税（进项税额转出）　　680

借：其他应收款　　1000
　　营业外支出　　3680
　　贷：待处理财产损溢——待处理流动资产损溢　　4680

【实训任务】

任务1：假设大学生超市为增值税一般纳税人，增值税税率为17%。超市于2014年11月5日购入乙商品100个，进价4元，当日根据增值税专用发票、账单通过银行转账支付了价税款，同时该商品由百货柜验收入库，商品的含税零售价为6.80元。请做出会计处理并制作记账凭证。

任务2：大学生超市发现2014年9月购进的插座有5条不符合质量要求，与厂家联系后同意退货。插座每条进价 25 元，售价 33 元。请做出会计处理并制作记账凭证。

任务 3：2014 年 10 月 9 日，大学生超市营业销货款（含税）8570 元，收入现金由出纳全部送存银行，取得银行收款单。请做出会计处理并制作记账凭证。

任务 4：大学生超市在财产清查中盘亏库存商品售价 1000 元，库存商品进价为 800 元，经查部分属于项目 5 组责任，已经向小组索赔 90 元，其余部分原因不清，经批准计入营业外支出。请做出会计处理并制作记账凭证。

【实训步骤】

1. 分组，四人一组，确定组长，领取空白记账凭证
2. 回顾记账凭证制作工作的相关知识
3. 每位同学都完成任务 1 ~ 4
4. 组员相互检查，组长牵头讨论并确定正确的记账凭证制作内容
5. 装订制作好的记账凭证
6. 完成并上交技能训练报告

实训报告格式

实训报告表

实训报告		
学号	姓名	时间
实训内容：		分数
实训目的：		
实训步骤：		
实训总结：		
实训建议：		

【相关知识】

一、记账凭证的填制

由于记账凭证的种类不同，其填制方法也不完全相同，因此，会计首先应确定使用哪一种记账凭证。收支业务不多的单位，可以使用通用记账凭证；采用科目汇总表账务处理程序的单位，可以采用专用记账凭证。为了便于记账凭证的编号、使用、装订和保

管，对于确定了的记账凭证种类和格式，一般不宜轻易改换。各种记账凭证都应按照以下要求填制。

（一）必须根据审核无误的原始凭证填制记账凭证

记账凭证可以根据每一张原始凭证填制，也可以根据若干张同类原始凭证汇总填制，还可以根据原始凭证汇总表填制，但不得将不同内容和类别的原始凭证汇总填制在一张记账凭证上。

（二）正确确定应使用的记账凭证

采用专用记账凭证的单位，会计人员在接到经审核无误的原始凭证后，应根据经济业务的性质，先确定是使用收款凭证、付款凭证还是转账凭证。现金和银行存款之间、以及不同的银行存款之间的相互转划业务，只需要填制付款凭证，以避免重复记账。此外，在同一笔经济业务中，既涉及现金（或银行存款）的收付业务，又涉及转账业务时，应同时编制收款（或付款）凭证和转账凭证。如职工出差回来报销差旅费，退还预借的差旅费，则应在编制收款凭证的同时编制转账凭证。

（三）正确填写记账凭证的日期

记账凭证的日期一般应为会计人员填制记账凭证当天的日期，也可以根据需要填写经济业务发生的日期或月末日期。

（1）收付款凭证一般应按现金、银行存款的收付日期填写。如报销差旅费的记账凭证应填写报销当天的日期；银行付款业务的记账凭证一般以会计部门开出银行付款单据的日期或承付的日期填写；银行收款业务的记账凭证一般以会计部门收到银行进账单的日期或银行回执的戳记日期填写，当实际收到的进账单的日期与银行戳记日期相隔较远，或次月收到上月的银行收付款凭证时，按会计部门实际办理转账业务的日期填写。

（2）转账凭证原则上应按其填制的日期填写，月终转账业务应按月末的日期填写。

（四）连续编号

记账凭证应分月根据业务发生顺序，按自然数 1，2，3，…连续编号。一张记账凭证编一个号，不得跳号、重号。具体编号方法视记账凭证的种类不同而不同。

（1）通用记账凭证，可按业务发生的顺序，将所有记账凭证统一编号，即采用顺序编号法。

（2）专用记账凭证，通常采用分类编号法，即按收款凭证、付款凭证和转账凭证分收、付、转三类编号，如“收字第 × 号”“付字第 × 号”“转字第 × 号”，或再细分现收、现付、银收、银付、转账五类编号，如“现收字第 × 号”“银收字第 × 号”“现付字第 × 号”“银付字第 × 号”“转字第 × 号”。这种按凭证字号进行分类编号的方法，又称为字号编号法。此外，还可采用按凭证总字号顺序编号与按类别顺序编号相结合的方法，即双重编号法，如某一张收款凭证的编号为“总字第 × 号、收字第 × 号”。

（3）对于一笔业务需要编制多张记账凭证时，则应在原编号后面用分数的形式表示，如第 3 笔转账业务需要编 2 张转账凭证，则其编号分别为“转字 3 1/2”，“转字 3 2/2”，这是记账凭证编号的分数编号法。它也适用于专项记账凭证的编号。

（五）写好摘要内容

摘要是对经济业务的简要说明。记账凭证的摘要是要简练地表达会计分录中的对应关系所概括的经济业务的具体内容。为了便于查阅和登记账簿，应正确填写摘要内容，要做到用词简明扼要、表达准确清楚。具体填写因事而异，但一般应指明经济业务发生的对象，即对方是什么单位或什么人；经济业务的主要内容，即发生了什么事情，是购货或是销货等；重要凭证的号码。其余的相关内容一般可以从略。例如，对于收付款业务，应当写明收付款单位名称、款项内容，若使用支票结算的，应填写支票号码；而对于采用支票结算的付款业务，当日的付款凭证还应按支票号码排列，以便查考。再如，对于购货业务，应写明供货单位名称，所购货物的品种、数量等。

应当说明的是，摘要的填写没有统一的格式，并不强求一致，视需要而定，以能确切说明问题为原则。

（六）正确使用会计科目，编制会计分录

确定应借、应贷的会计科目及其金额，即编制会计分录，是编制记账凭证的最基本内容。

1. 就会计科目的确定而言

首先，应根据经济业务的具体内容正确运用会计科目，并填写会计科目的全称，不得简写或只写科目编号而不写名称。要写明一级科目、二级科目甚至三级科目，以便登记总分类账和明细分类账。

其次，应保持会计科目对应关系的清晰性，一般一个科目只能同一个科目或几个科目相对应，即保持一借一贷、一借多贷或多借一贷的对应关系，尽量不要编制多借多贷的会计分录。但这并不排斥在特殊需要下采用多借多贷的对应关系形式，以完整反映某一项经济业务的全貌。例如，以银行存款和固定资产对外投资，则应作如下会计分录：

借：长期股权投资（固定资产账面价值 + 支付存款数）

　　累计折旧（已提折旧）

　　贷：固定资产（账面原价）

　　　　银行存款（实际支付款）

最后，应强调的是，一张记账凭证一般只能反映一项经济业务，不得将不同内容、不同类型的经济业务合并编制会计分录，填写在一张记账凭证上，以至于分不清经济业务的具体内容及其来龙去脉，给记账、查账带来困难。

2. 就金额的填写而言

首先，保证记账凭证填列的金额必须与原始凭证上的金额相符。其次，在填写金额数字时书写要规范，应平行对准借贷栏次和科目栏次，防止错位串行；金额数字要填写到分位，如果角位、分位没有数字的，要写上“00”字样，如 221.00 元；如果角位有数字，而分位没有数字的，则要在分位上写上“0”字样，如 221.20 元。再次，每笔经济业务填入金额后，要在记账凭证的合计行填写合计金额；一笔经济业务因涉及会计科目较多需要在一张记账凭证上填写多行或填写多张记账凭证的，一般在每张记账凭证的合计行填写合计金额，并应在合计数前面填写货币符号“￥”。不是合计数，则不填写货币符号。最后，对记账凭证金额栏的空行，应该划斜线或一条“S”形线注销。划线应从金额栏最后一笔金额数字下的空行划到合计数行面的空行，要注意斜线两端都不能划到金额数字的行次上。

（七）应注明记账凭证的附件

记账凭证的编制是以原始凭证为依据的，因此原始凭证应作为记账的附件附在记账凭证后面，否则，对记账凭证真实性、正确性的审核就无从谈起。一般来说，凡是收付款业务的记账凭证后面均应附有原始凭证，如在采用支票结算方式下，收款人将收到的支票送存开户银行，并进行收入确认的账务处理时，应将银行进账单（回单）、收据或发票等凭证作为附件附在记账凭证的后面；又如，开出支票支付购货运输费，则运输部门开具的发票、企业开出的支票存根等均是记账凭证的附件。转账业务一般也应附有原始凭证，如采用托收承付方式销售产品，在产品发出并办妥托收承付结算手续确认收入时，应将增值税专用发票、托收承付结算凭证回单联等作为附件附在收入确认的记账凭证后面。又如，在采用商业承兑汇票结算购货款时，应将商业承兑汇票存根联、增值税专用发票等凭证作为附件，附在记录该购货业务的记账凭证后面；即使是预提和摊销类转账业务，也应有附件，如“固定资产折旧计算表”“制造费用分配表”等都是该类业务记账凭证的附件。只有两种记账凭证可以不附原始凭证：①更正错账的记账凭证；②期末结账的记账凭证。

如果一张原始凭证记录的经济业务涉及几张记账凭证时，应将这张原始凭证附在其中的一张记账凭证上，未附原始凭证的记账凭证上应注明附有原始凭证的记账凭证编号，以便以后查阅，也可以附上该原始凭证的复印件。

此外，记账凭证附件的张数还应在记账凭证上加以注明。收付款业务一般按所附原始凭证的自然张数计算，即凡是与业务相关的每一张凭证，都应作为记账凭证附件逐张计算，包括原始凭证汇总表以及所附原始凭证或说明性质的资料等，除差旅费、市内交通费等的报销业务外。各项费用报销单据，要求先粘在一张粘贴纸上，作为一张原始凭证附件。如某职工出差回来报销差旅费，各种单据共计 20 张，要求将这 20 张单据粘贴在差旅费报销单上，在该报销单上注明所附原始凭证张数为 20 张，而这记账凭证所附原始凭证张数栏目填写时只能算作一张附件。

转账业务的原始凭证张数计算以构成记账凭证金额的张数为准，如按原始凭证汇总表编制转账凭证时，其附件张数的计算只按原始凭证汇总表的张数计算，原始凭证汇总表后面所附的原始凭证只作为附件处理，其附件张数的计算类似上述差旅费报销业务的计算。

（八）复核和检查记账凭证

复核和检查记账凭证，并应由有关人员签名或盖章，以保证记账凭证的正确性和完整性。各种记账凭证都必须由会计主管人员或指定专人审核后签名盖章方能作为记账的依据。其中，收款凭证、付款凭证须经审核签章后才能交出纳人员办理收、付款业务。对于已经办妥收、付款业务的收、付款凭证及其所附的所有原始凭证，必须当即加盖“收讫”“付讫”戳记，以防重复收付，并由出纳人员在收、付款的记账凭证上签字或盖章。

二、记账凭证的审核

记账凭证是登记账簿的直接依据，为了确保账簿记录的正确性，必须在记账前对记账凭证进行认真审核。主要是进行完整性和正确性的审核，审核的内容一般包括以下方面：

（1）对所附的原始凭证按原始凭证的审核要求进行复核；

（2）记账凭证是否附有原始凭证，所附原始凭证的内容和张数与记账凭证所填列的内容是否相符，所附原始凭证的金额合计与记账凭证的金额是否一致；

（3）所使用的会计科目是否正确，是否符合会计科目的使用要求，对应关系是否清晰，金额是否正确；

（4）记账凭证的有关项目是否填列完备，有关人员的签章是否齐全。

在记账凭证的审核中，如发现错误，应及时查明原因，区分不同的错误情况，按规定的方法更正或重新填制。其中，如果是因原始凭证错误引起的记账凭证错误，凡是尚未登记账簿的，应责成经办人退回原填制单位或填制人员更正或补填，记账凭证的制证人员根据更正或补填的原始凭证，一般应重新填制记账凭证，或采用划线更正法进行更正；凡是已经登记入账的，则不抽出原来的原始凭证，责成经办人另外补填原始凭证，按补填正确的原始凭证，选用正确的错账更正方法进行更正。

如是记账凭证本身填制错误，凡是尚未登记入账的，应责成制证人员重新填制；对于已经登记入账的记账凭证，在当年内发现填写错误时，可以用红字填写一张与原内容相同的记账凭证，在摘要栏注明“注销某月某日某号凭证”字样，同时再用蓝字重新填制一张正确的记账凭证，注明“订正某月某日某号凭证”字样。如果会计科目没有错误，只是金额错误，也可以将正确数字与错误数字之间的差额另编一张调整的记账凭证，调增金额用蓝字，调减金额用红字。发现以前年度记账凭证有错误的，应当用蓝字填制一张更正的记账凭证。

三、商品零售的会计实务

零售企业一般采用售价核算法。该方法一般不必为每笔销售业务填制销售凭证，也不必登记大量的实物数量明细账，记账较为简单，但是平时不易发现商品短缺，难以分析溢缺的原因，难以做出责任判定。这种方法通常适用于综合零售商店。

（一）一般商品购进的会计处理

商品购进时，如果付款与验收商品入库同日完成的，则直接计入“库存商品”账户；如果先付款、后验收商品入库的，则付款时先计入“在途物资”账户，验收入库时再转入“库存商品”账户。

零售小企业在购买商品过程中发生的费用（包括运输费、装卸费、包装费、保险费、运输途中的合理损耗和入库前的挑选整理费等），计入“销售费用”账户。

（二）进货退出的会计处理

零售企业购进商品后，发现商品的品种、规格、数量等与增值税专用发票所列的内容不符合，与供货单位联系，由供货单位开出红字增值税专用发票，办理退货手续，然后将商品退回，并进行会计处理。

（三）销售收入确认

零售商品销售的会计处理，通过“主营业务收入”“主营业务成本”和“商品进销差价”账户进行会计处理。在售价金额法下，“库存商品”账户按零售价（含税）登记，其售价与进价的差额及销项税额在“商品进销差价”账户中反映。因此，当已经销售商品在“库存商品”账户中转销后，同时转销这部分已销商品的进销差价，从而求得主营业务成本。由于逐笔计算已销商品的进销差价，工作过于烦琐。所以，在实际工作中，一般是在月末一次计算转账。在平时为了反映各实物负责人的库存商品收、付、存情况，在商品销售后，从“库存商品”账户上注销已销商品时，直接按零售价（含税）转入“主营业务成本”账户。这样处理的结果，通常使“主营业务收入”账户和“主营业务成本”账户平时的数额相等，到一定时期（一般是月末），再通过一定的计算方法算出全月已销售商品实现的进销差价额后，一次转销“商品进销差价”账户和“主营业务成本”账户。经过调整后，“主营业务成本”账户所反映的是销售商品的进价成本。

（四）库存商品盘亏的会计处理与涉税处理

零售企业在清查盘点中发现的库存商品盘亏或毁损，其相应的成本及不可抵扣的增值税进项税额，计入“待处理财产损溢”账户。经批准处理时，将盘亏数额减去有过失人或者保险公司等赔款和残料价值后，属于自然灾害造成的，计入当期营业外支出；属于其他情况的，计入管理费用。

《增值税暂行条例》第十条规定：“非正常损失的购进货物的进项税额不得从销项税额中抵扣。”《增值税暂行条例实施细则》第二十一条规定：“非正常损失是指生产、经营过程中正常损耗外的损失，包括自然灾害损失，因管理不善造成货物被盗窃、发生霉变等损失，其他非正常损失。”因此，属于一般纳税人的商业企业对于盘亏损失属于非正常损失的，相应进项税额不得抵扣，需要进行进项税额转出处理。对于正常损耗造成的存货盘亏，其进项税额允许抵扣，不需要进行转出处理。

《企业所得税法实施条例》第三十二条规定，企业在生产经营活动中发生的存货的盘亏、毁损、报废损失准予在计算应纳税所得额时扣除。财政部、国家税务总局《关于企业资产损失税前扣除政策的通知》（财税〔2009〕57 号）规定，对企业毁损、报废的存货，以该存货的成本减除残值、保险赔款和责任人赔偿后的余额，作为存货毁损、报废损失在计算应纳税所得额时扣除。企业因存货盘亏、毁损、报废、被盗等原因不得从增值税销项税额中抵扣的进项税额，可以与存货损失一起在计算应纳税所得额时扣除。会计准则与税法规定相一致，不需要进行纳税调整。

项目六 办公设备使用

【知识目标】

掌握文档打印前的基本设置知识，掌握打印机、复印机、扫描仪和传真机等设备使用的知识。

【能力目标】

能够对一份文档进行打印前的基本设置，能够熟练使用打印机、复印机、扫描仪和传真机等办公设备。

办公设备一般泛指与办公室相关的设备，包括传真机、打印机、复印机、投影仪、碎纸机、扫描仪、一体机、复合机、考勤机、电教设备及耗材，还有电脑、程控交换机等设备。

办公设备使用是指为了提高办公效率，顺利召开会议，快速传输文件，备份、保存、销毁办公文档，而合理使用办公设备以配合办公事务处理的过程。

任务一 打印前的文档设置

在文档发送到打印机之前，我们要对文档的打印要求进行先期设置，如果不进行设置，将会给我们带来不少麻烦。如：每份文档都要设置页码，以方便整理；设置缩放打印和双面打印可以节省纸张，实现低碳办公；设置纸张大小，以合理布局；设置多份打印和逐份打印，以方便装订；设置公司图标水印，以代表公司形象；设置分隔符，以方便有些页面横排，有些页面竖排；设置打印机共享，以方便其他员工使用打印机。

【案例引导】

案例角色：红红（公司新到的总经理助理）、叶康（行政助理）

情境：上午10点了，叶康风一样地冲进公司，因为今天他外出洽谈公司重新全面装修事宜，已经与供应商达成初步共识。刚刚进入行政部的走廊，一溜弯儿，和来人撞了个满怀。顿时，只见纸张横飞，散落一地。迎面的那人一个踉跄，差点朝后仰摔倒。

“抱歉，没撞着吧？”说话间，叶康才回过神来，对面一个很文静的女孩，似乎不认识。

“没，没事儿。”女孩一边低头嘀咕着：“啊，糟了，这怎么办呀！”

“我帮你拣，没大碍吧？”

“我倒没事，可是……这么多文件，都乱了。哎，怎么办哪？”女孩有点着急。

“我帮你按页码整理好，别急，实在对不起……”，叶康看看手里捡起来的几页文件，顿时头大了，“啊，怎么没有页码呀？”

“糟了，经理1小时后就要文件，这、这怎么办呀？”女孩几乎出现了哭腔。

“拿到我办公室，我找人帮你一起整理。对了，你是哪个部门的，之前没见过你？”

叶康抱着一摞凌乱的文件，“不过，我先去和头儿打个气呼呼。”

……

三分钟后，叶康从经理室出来了，他和女孩到了行政部，几个同事一起帮忙整理着文件。“噢，我叫叶康，你呢？刚来？”叶康问女孩。

“嗯，刚来三天，我叫红红。”

……

四十分钟过去了，散落的文件终于整理出原来的次序。红红也终于松了一口气。

“记得下次打印材料时加上页码，免得再碰到我，呵呵。”叶康开起玩笑来。

“啊，不要再碰上了。我以前从来没有打印过这么长的文件，而且都是双面打印，又不是打印成标准的A4纸张，还有横向纵向不同的页面，打的时候就够费劲的！”红红轻拭了一下鼻尖上的汗，说：“要不有空教教我？”

“好啊，求之不得呀。要不就现在？呵呵……”

“不行啦，我现在要去交差了。”红红挥手再见，“中午吃完饭吧！回见！”

中午，红红坐在叶康旁边，叶康第一次给小女生讲课，似乎还有点紧张……

【实训任务】

找到一份两页内容的文档，给文档加上页码（第　页共　页），加上超市的Logo图标水印，一页内容横排，另一页内容纵向排列，打印出文档属性，并在打印队列中优先实现打印。

【实训步骤】

1. 分组，四人一组，确定组长，组长分派组员到电脑位置
2. 回顾文档打印工作的相关知识
3. 找一份两页内容的文档
4. 给文档加页码、图标水印，排版
5. 设置优先打印并使用打印机将文档打印出来
6. 完成并上交技能训练报告

实训报告格式

实训报告表

实训报告		
学号	姓名	时间
实训内容：	分数	
实训目的：		
实训步骤：		
实训总结：		
实训建议：		

【相关知识】

一、节约纸张打印

（一）缩放打印

对于一些非正式的文档，特别是有时专门打印出来供大家提出修改意见的那种草稿文件，打印时，可以将 Word 中的好几页缩放在一张纸上打印出来，这样既不影响工作的进行，又可以节约纸张。

（1）打开要打印的文档，选择 Office 按钮→打印，在打印对话框的“缩放”栏中选择“每页的版数”为“4 版”（图 6 - 1）。

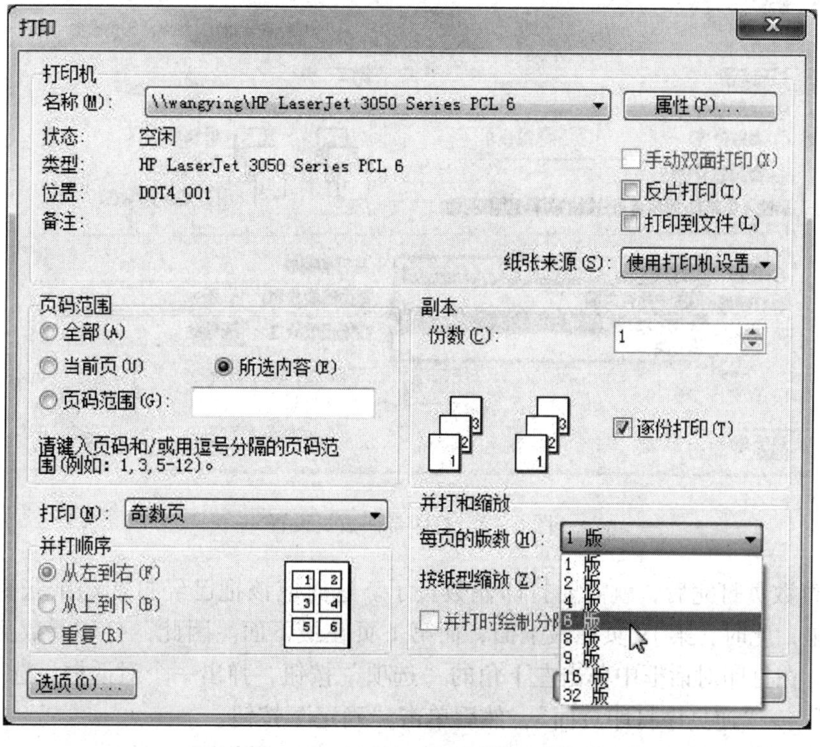

图 6 - 1　缩放设置

这样便可在一张 A4 纸上打印 4 页 Word 文件，而且是按比例缩小的。根据实际情况，可以选择不同的版数。如果文档中的字很大，则可以一页多打印几版；如果原来文档中的字就比较小，则可以一页少打印几版，如 2 版。

（2）“按纸张大小缩放”就是将 Word 文档按比例缩放到不同的纸型上的一个功能。选择 16 开（与 B5 差不多大），这样就可将 A4 版面的文档内容缩放到 16 开纸上打印。

（二）双面打印

使用双面打印也可以最大限度地节省纸张。

如果是双面打印机，打开要打印的文档，选择 Office 按钮→打印→属性→双面打印（可以选择沿长边翻转和沿短边翻转）。

如果是单面打印机，则可先打印奇数页，再逆序打印偶数页。

（1）在打印对话框的“打印”项中下拉，选择“奇数页”，即先打印文档中的奇数页。如图 6－2 所示文档有 20 页，将只打印 1、3、5、…、17、19 页。

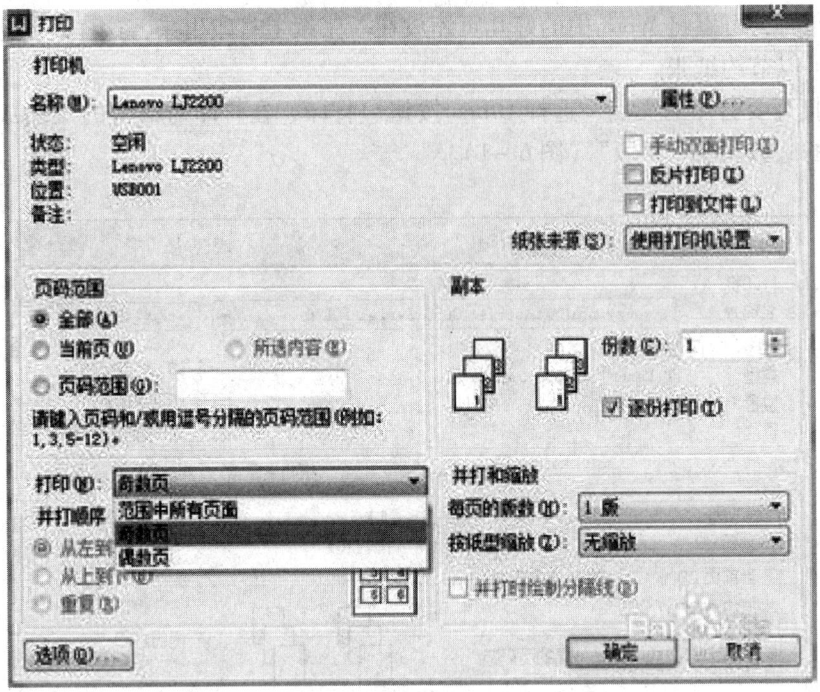

图 6－2　打印奇偶数页设置

（2）奇数页打完后，就需要打印偶数页了。这时应该把已经打印的纸张直接反面放到打印机里，此时，第 19 页在最上面，而第 1 页在最下面。因此，打印偶数页时需要逆页序打印。在打印对话框中单击左下角的“选项”按钮，弹出一个对话框。选中“高级”→“打印”→“逆页序打印页面”，然后单击“确定”按钮。

（3）在“打印”选项中选择“偶数页”，然后单击“确定”按钮。

经过这样设置以后，Word 会首先打印第 20 页，而且正好打印在第 19 页的反面，依此类推。需要注意的是，如果文档有第 21 页，奇数页打完以后，一定要把第 21 页取出来，只将第 1→19 页的反面放进打印机，然后执行上述操作，打印偶数页，否则就会出现错页。

二、打印副本

在 Word 中可以选择文档要打印的份数，然后执行一次打印命令，将所选文档全部打印出来。

（1）在打印对话框中选择副本份数为（例如5），然后单击“确定”按钮后，一次性完成5份文档的打印。

打印完发现，这5份的打印方法原来是先连续打印5份第1页，再连续打印5份第2页，直到最后。这时，我们可以逐次将每页相同的文档分成5份，最终完成打印文件的整理工作。但是，如果一份文件有100页，总共要打印5份，甚至打印15份呢？人工去分配页的话是十分麻烦的事，如何解决呢？

（2）如果在输入打印份数的时候，顺手选择其下面的“逐份打印”选项，然后单击“确定”按钮开始打印的话，就会看到，Word将先打印一份文档的所有页，再打印下一份的所有页，这样就可以打一份装订一份，省去整理的麻烦（图6－3）。

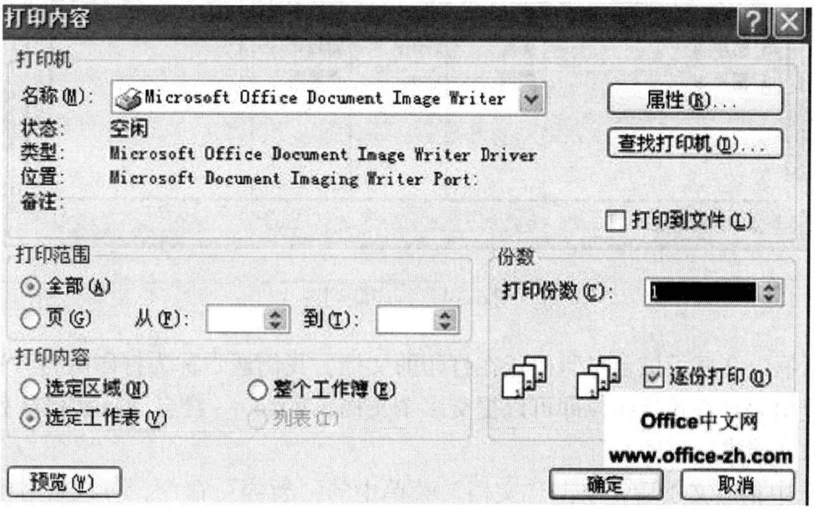

图6－3　打印份数设置

三、添加水印

不管是公司文件还是公司的宣传资料，如果能够在文档背景上打印上有关公司的一些信息作为水印，那么对于推广公司形象和理念是非常有帮助的。

在Word中，单击“页面布局”→“水印”→“自定义水印”，如果以图片为水印，选中“选择图片”则从我的电脑中选择一张合适的图片，点出“应用”即可。如果以文字为水印，则选中“文字水印”，在“文字”框中选择相应的文字或输入文字，然后点出“应用”即可。

四、对打印机队列进行操作

一般公司都采用几人一组的网络打印机，因此，当几个人都在打印文件时，怎么查看自己的文件是否已经打印了呢？有时候错误地按下了打印按钮，如何停止已经启动的打印操作呢？如果我的文件需要比别人的先打印出来，而在我发送打印命令之前，其他人已经开始打印了，而且他要打印很长的文档，怎么调整呢？这些都可以在打印队列中实现。

(1) 在 Windows (以 Windows XP 为例) 中单击“开始”→“打印机和传真机”命令，并双击所使用的打印机图标（或双击任务栏中的打印机图标），此时会弹出一个对话框。如图 6-4 所示。

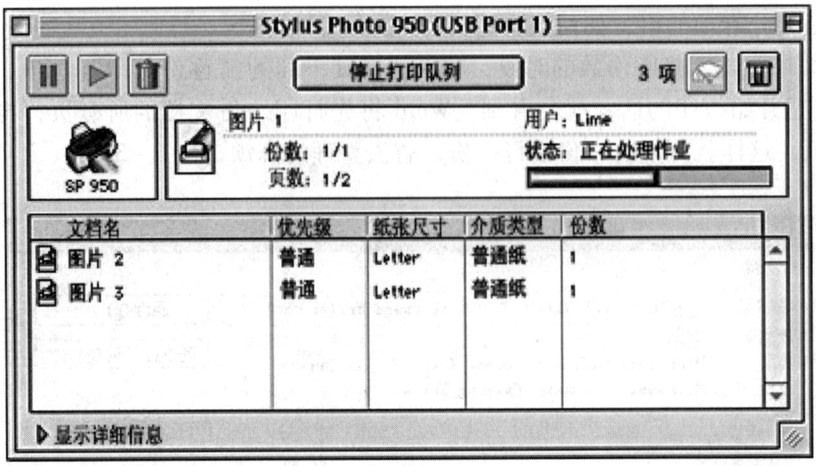

图 6-4　打印队列图

此对话框中会显示该台打印机正在打印的文档，我们通常称为打印队列（Windows 打印机可以使用后台方式打印，即可以提交多个文档，Windows 会自动从文档队列中根据先后顺序提取文档进行打印）。

(2) 选中相应文档后，单击“文档”菜单中的“暂停”命令，可以暂时停止对所选文档的打印，而打印下面的文档。等打印结束之后，再单击“文档”→“继续”命令，继续对它的打印。

(3) 如果不想打印队列中的某一个文档的话，单击“文档”→“取消”命令，结束当前正打印的文档。

(4) 如果打印机出现故障，比如队列中已经有多个待打印的文档，这时便要将这些文档全部取消掉，然后再解决打印机故障。这时，可以单击“打印机”→“取消所有文档”来一次取消当前打印队列中的所有文档。

(5) 如果想查看打印机的相关属性，可以单击“打印机”→“属性”命令，在弹出的对话框中查看相关内容。

注意：使用网络打印机的用户不可以对网络打印机是否打印进行暂停，只有直接连接该台打印机的电脑才能暂停。因此，在打印前应仔细检查文档。

五、打印附加信息

如果希望在将打印出来的文档里包含该文档的属性、批注等信息。那就单击 Word 的 Office 按钮，调出“打印”对话框再单击“选项”，如图 6-5 所示。在“打印文档的附加信息”栏里选择需要的附加信息，如该文档的属性、域代码等。设置完成后单击“确定”按钮，就可以开始打印了。如果你不希望打印这些不必要的附加信息，不选中该项即可。

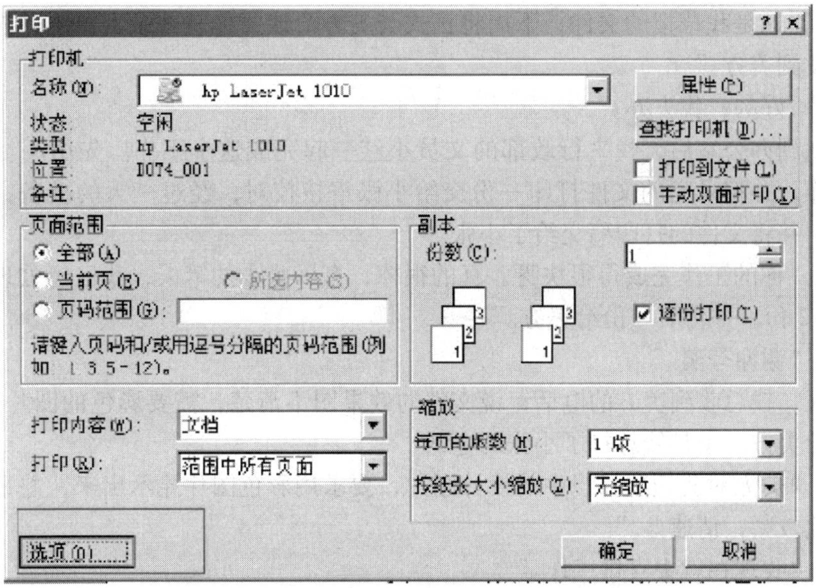

图 6－5　打印附加信息设置

六、同一文档中横向纵向页面打印

有时候，文档中有些页面需要横排（如表格），有些页面需要竖排，这时就需要通过插入分隔符来帮助实现。

（1）先把光标定位在需要进行特别设置的页面最前端，选择“页面布局”→“分隔符”→“分节符”→“连续”。

节是文档的一部分。插入分节符之前，Word 将整篇文档视为一节。在需要改变行号、分栏数或页面页脚、页边距、横向等特性时，需要创建新的节。

（2）把光标定位在该页面最末端，再插入一个“连续”分节符。

（3）选择“页面布局”→“纸张方向”→“横向”。

任务二　办公设备的安装与操作

商务办公经常需要打印文件、传真文件、复印文件、扫描文件等，这些工作的质量直接影响工作效率。熟练掌握这些办公设备的安装与使用，将对我们适应新的工作环境带来很大的帮助。

【案例引导】

案例角色：钱总（某房地产公司总经理）、小张（总经理秘书）和小红（行政部文员）

小张所在的房地产公司最近与美国一家上市公司讨论一个开发项目，共同对我国云南的生态旅游区进行全面综合开发，最终达成共同开发项目的合同。

商务洽谈即将开始，钱总把小张叫到自己办公室，布置相关工作。

钱总："这是我草拟的文件，下周将正式与美方洽谈，你全部录入电脑并打印 12 份，其中一份发到美方。"

小张："好的，我去办。"

小张回到办公室后，找来行政部的文员小红一起完成这个工作。先由小红负责文件的录入工作，并将录完的文件打印一份交给小张审核校对，经过一天的准备，小红提前完成工作，并将文件的打印稿交给了小张。

小张："你的工作完成得很快呀，真的很棒，有一些小的笔误，我已经处理好了，你可以打印 12 份，并传真一份给美方。"

小红："谢谢夸奖。"

第二天，钱总收到美方的电话，说文件的效果图不清楚，需要彩色的图片作为附录，并重新发给美方。于是钱总打了小张的电话。

钱总："美方对我们项目当中的设计图片，要求用彩色图片显示出来，并重新传给美方，时间比较紧，请速办。"

小张："我现在就去安排工作。"

小张找来小红，把这个事通告了一下。

小红："我们这里只有黑白复印机和黑白的传真机，彩色的图片我没办法搞定，其实美方都有网络，我们可以直接用网络把文件扫描后传过去，对方直接用电脑看，也可以用彩色打印机打印出来，比传真好多了，只是公司没有购买扫描仪。"

小张："好主意，扫描仪听说也就几百元钱，小意思，现在去买嘛，反正今后还要用。"

经过一番忙碌，美方终于看到了他们需要的效果图，十分满意。钱总专门表扬了小张和小红，称赞他们出色的随机应变的工作能力，为项目的成功做出了贡献。

【实训任务】

在电脑里安装打印机，安装扫描仪，将实习报告打印出来，用红笔签上自己的姓名，复印一份，扫描一份，并发一份传真。

【实训步骤】

1. 分组，四人一组，确定组长，分派电脑位置
2. 回顾办公设备使用的相关知识
3. 在电脑中安装打印机驱动程序和扫描仪驱动程序
4. 打印实习报告，复印一份，扫描一份并发一份传真
5. 记录操作过程中的证据
6. 完成并上交技能训练报告

实训报告格式

实训报告表

实训报告		
学号	姓名	时间
实训内容：		分数
实训目的：		
实训步骤：		
实训总结：		
实训建议：		

【相关知识】

一、打印机安装

打印机的安装分两个步骤：硬件安装和驱动程序安装。这两个步骤的顺序不定，视打印机不同而不同。如果是串口打印机，一般先接打印机，然后再装驱动程序；如果是USB 口的打印机，一般先装驱动程序再接打印机（具体见打印机说明书的要求）。

1. 打印机硬件安装

实际上现在计算机硬件接口做得非常规范，打印机的数据线只有一端在计算机上能接，所以不会接错。用 USB 接口的打印机，直接插入 USB 接口即可。

2. 驱动程序安装

如果驱动程序安装盘是以可执行文件方式提供的，则直接运行 SETUP. exe 就可以按照其安装向导提示一步一步完成。

如果只提供了驱动程序文件，则安装相对麻烦。这里以 Windows XP 系统为例介绍。首先打开控制面板，然后双击面板中的打印机和传真机图标，将弹出一个对话窗口。这个窗口将显示所有已经安装了的打印机（包括网络打印机）。安装新打印机直接单击左边的添加打印机，接着弹出添加打印机向导。

单击“下一步”，出现一个窗口，询问是安装本地打印机还是网络打印机，默认是安装本地打印机。

（1）如果安装本地打印机，直接单击“下一步”按钮，系统将自动检测打印机类型，如果系统里有该打印机的驱动程序，系统将自动安装。如果没有自动安装会报一个错，单击“下一步”按钮出现一个窗口提示你选择端口。

（2）这里一般使用默认选项，单击“下一步”按钮，弹出询问打印机类型的窗口。

（3）如果能在左右列表中找到对应厂家和型号（有厂家和型号可以从百度中找到官方网站下载驱动程序），则直接选中然后单击“下一步”；如果没有则需要提供驱动程序位置，单击从磁盘安装，然后在弹出的对话框中选择驱动程序所在的位置，如软驱、光盘等，找到正确位置后打开（如果提供位置不正确，单击打开后将没有响应，提示重新选择），系统将开始安装，然后系统提示给正在安装的打印机起个名字，并询问是否作为默认打印机（即发出打印命令后，进行响应的那一台）。

（4）选择后单击“下一步”，然后出现一个窗口，询问是否打印测试页，一般新装的打印机都要测试。

（5）选择后单击“下一步”，最后单击“确定”按钮，完成整个安装过程。

二、扫描仪的安装和使用

1. 扫描仪硬件连接

扫描仪品牌和种类虽然较多，但扫描仪硬件安装方法大致相同，首先，接好扫描仪电源线，需要将电源插头插入接地的交流电源插座上。其次插好扫描仪的数据线，也就是将 USB 连接线的方形接头插入扫描仪后方的 USB 端口。再将此 USB 连接线另一端的长方形接头插入计算机主机后方的 USB 端口。

2. 扫描仪的软件安装

扫描仪的软件安装方法除了可以采取类似上文中打印机的安装方法以外，还可以通过随机赠送的软件光盘进行安装。只要将扫描仪安装光盘放入光驱，自动运行光盘里面的内容，并按提示单击安装，或者手动运行光盘根目录下的 SETUP. exe 文件来完成扫描仪软件的安装。

3. 扫描仪的使用

（1）掀开扫描仪的盖板，将相片面或有字面朝下平放在玻璃上、正前方对着扫描仪后方。

（2）轻轻盖回盖板（用力过大，可能会导致文件或相片移动，扫描出来的图像就可能是歪斜的）。

（3）双击扫描仪图标，打开扫描仪对话窗口。

（4）选择文件存储位置、输入文件名、选择扫描模式（自动、办公等），如果一定将不同颜色都扫描，最好选择办公模式，否则当文件以黑白为主时，选择自动模式就会按照黑白来扫描。

（5）单击“确认”开始扫描。

（6）扫描结束后会自动弹出扫描结果，如果是颠倒的，可以用图形软件来进行旋转修复。

三、传真机的使用

传真机的品牌比较多，操作功能各有不同，这里介绍通用的传真机基本的操作步骤。

（1）首先把传真机的盖子打开，将要传真的材料放入传真机里面（图6－6）。

图6－6　传真机

（2）根据提示将要传真的内容放好就可以了，要传的内容朝上还是朝下，根据传真机上的提示。

（3）提起话机，拨通对方的传真号码。

（4）拨通之后，听到“滴”的信号声音，此时，按下“传真/开始”按钮。

（5）挂了听筒，传真就会自动传送了。

（6）一般传真速度不是很快，耐心等待，等传真机将传真纸张吐出来，传真就发送完毕了。

（7）最后，要把传真机盖子盖好，以防进灰尘或其他东西，影响机器的使用寿命。

四、复印机的使用

复印机有多种类型，这里也是介绍普通复印机的使用，较为先进的复印机将更人性化、更方便（图6－7）。

图6－7　复印机

（1）首先打开复印机电源，电源开关的具体位置因不同的复印机而有所不同，一般开关处于面板上方或者机体两侧。

（2）打开复印机开始预热，当预热时间结束后，面板指示灯提示复印机可以正常开始使用了。

（3）检查操作面板上的各项指标是否正常，主要包括：可以复印信号显示，纸盒位置显示，复印数量显示，复印浓度显示，纸张大小显示，所有指示灯正常才能使用，一般有故障会亮红灯。

（4）检查纸张是否正确摆放，纸盒内是否有足够数量的空白纸。

（5）放置原稿，注意原稿不要有钉书钉，涂改液要干透，字迹清晰等。此外，还要注意原稿的大小不要超过复印输出后的纸张大小，否则要分开复印。

（6）掀开复印机上盖，要注意原稿有字一面朝下，对准大小刻度提示，原稿纸张平整并且原稿从最后一页开始，顺序摆放。注意如果复印机上面有进纸口，可以将原稿有字一面朝上，多份原稿一次连续进纸复印。

（7）在控制面板上设定复印的份数（如果是缩放复印，先试复印一份后看效果再复印多张），按下设定复印份数，如果按错，可以选择 C 键重新设置复印数量。

（8）最后按复印按钮，可以完成复印（图 6 - 8）。

图 6 - 8　复印操作图

参考文献

［1］克里斯托弗·洛夫洛克，约亨·沃茨，帕特里夏·周. 服务营销精要（Essentials of Services Marketing）. 李中等译［M］. 北京：中国人民大学出版社，2011.

［2］应秋月. 老 HR 手把手教你搞定 HR 管理——从有证书到会干活［M］. 北京：北京大学出版社，2012.

［3］黄宪仁. 店长操作手册［M］. 北京：电子工业出版社，2012.

［4］马朝圣. 商务办公应用案例教程［M］. 北京：人民邮电出版社，2012.

［5］刘森. 商务秘书实务与训练教程［M］. 成都：西南财经大学出版社，2006.

［6］史玉光. 新会计准则下商品流通企业会计实务［M］. 北京：电子工业出版社，2013.